Jean Hatzfeld

Plötzlich umgab uns Stille

Jean Hatzfeld

Plötzlich umgab uns Stille

Das Leben des Englebert Munyambonwa

Erzählung

Aus dem Französischen von Ahlrich Meyer

Verlag Klaus Wagenbach Berlin

Die französische Originalausgabe erschien erstmals 2014 unter dem Titel *Englebert des collines* bei Éditions Gallimard, Paris.

Dieses Buch erscheint im Rahmen des Förderprogramms des französischen Außenministeriums, vertreten durch die Kulturabteilung der französischen Botschaft in Berlin.

Liberté • Égalité • Fraternité
RÉPUBLIQUE FRANÇAISE

AMBASSADE DE FRANCE
EN
REPUBLIQUE FEDERALE
D'ALLEMAGNE

BUREAU DU LIVRE

Wagenbachs Taschenbuch 751
Deutsche Erstausgabe

Emser Straße 40/41, 10719 Berlin. www.wagenbach.de
Umschlaggestaltung: Julie August unter Verwendung einer Fotografie von Englebert Munyambonwa © Jean Hatzfeld. Autorenfoto: Catherine Hélie, Éditions Gallimard. Gesetzt aus der Scala und gedruckt auf chlor- und säurefreiem Papier (Schleipen) bei CPI books GmbH, Leck. Vorsatzpapier von peyer graphic, Leonberg.
Printed in Germany.

ISBN: 978 3 8031 2751 8

Mitte der 1990er Jahre fand der Markt von Nyamata noch auf einem Gelände voller Schlaglöcher am Ende der Hauptstraße statt. Der Platz diente auch als Spielfeld der örtlichen Fußballmannschaft, und nachts blieb er den Kühen überlassen, die aus dem Busch heimkehrten. Doch bot dieser ärmliche Markt mit seinen farbenprächtigen Stoffen, Sonnenschirmen und Bergen von Gemüse einen heiteren Anblick. Verließ man ihn, betrat man wieder die nackte rote Erde der Hauptstraße, man ging durch Staub während der Trockenperiode und durch Schlamm in der Regenzeit. Es herrschte Stille, denn es gab keinerlei Fahrzeuge mehr, und die elektrische Stromleitung, die für Musik hätte sorgen können, war noch nicht verlegt. Die Bäckerei nannte sich »Zum täglichen Brot«, der Friseursalon hieß »One Love«, die größte Kneipe »La Fraternité«, und an der abgeblätterten Fassade des Ladens gegenüber, der Marie-Louise gehörte, las man eine gemalte Inschrift: »Prudence« – Vorsicht. Die war nötig, drei Jahre nach der Saison der Macheten.

An diesem Morgen lag eine trockene, gleißende Hitze über der Straße. Einige wenige Ochsenkarren mischten sich wagemutig in den Verkehr der Fahrräder und Fußgänger. An der Station der Fahrradtaxis – schwarze Boda-Bodas mit breiten Felgen und ausgerüstet mit gepolsterten roten Ledersitzen – dämmerten die Fahrer im Halbschlaf unter einem mächtigen Mimosenbaum. Dort, an der großen Kreuzung, sprach mich ein Mann mit südfranzösischem Akzent auf Marseille an. Er trug eine dreckige Hose und ein dazu passendes T-Shirt voller Flecken. Es war Englebert, gutgelaunt. Mit einer vielsagenden Geste, seine Hand an die Kehle führend, deutete er sehr schnell an, dass er Durst hatte. Für die Dauer eines Primus, die er verlängerte, indem er die Hand über den Hals der Bierflasche hielt, breitete er im winzigen Hof einer von den Alkoholschwaden des Bananengebräus *Urwagwa* durchzogenen schäbigen Kneipe altgriechische Zitate, trigonometrische Lehrsätze und Strophen aus Baudelaires *Blumen des Bösen* aus. Dann ging er zögerlichen und doch eiligen Schrittes im sommerlichen Staub davon.

Jeden Abend, wenn die Stunde der Biere gekommen war, traf sich ein Kreis von Freunden innerhalb der verblassten grünen Mauern von Marie-Louise' Laden, um über Gott und die Welt zu diskutieren und einen über den Durst zu trinken. Marie-Louise, die sanft lächelnde Inhaberin dieser Räumlichkeiten, kannte die Gewohnheiten ihrer Besucher: Ein kühles Amstel für Sylvère, den Gemeindedirektor, ein großes Mützig für Dominique, das Gleiche für Emmanuel, zwei kleine Amstel für Benoît, den Viehzüchter mit dem Filzhut, das unverzichtbare warme Primus für Innocent und so weiter. Théoneste kam aus seiner benachbarten Schlosserei herüber, Chicago brachte seine Gutmütigkeit und einige Kästen aus seinem Biergroßhandel an der großen Kreuzung mit. Gonzalve, der Direktor des örtlichen Lyzeums APEBU, döste nach einigen Flaschen ungeniert ein. Alle, die hier auf ihren Hockern saßen, zogen die etwas stickige Atmosphäre des »Prudence«, das die meiste Zeit nur von einer Kerze beleuchtet wurde, den offenen Veranden von Kneipen wie »La Fraternité« oder »Intzinzi« vor, die allzu groß, allzu erfüllt von Abwesenheit waren oder von Gespenstern heimgesucht wurden. Auch Englebert versäumte es nicht, einen Halt bei Marie-Louise einzulegen, denn er wusste, dass er hier wahrscheinlich auf ein Bier rechnen konnte, das ihm den sauren Geschmack des *Urwagwa* nehmen würde. Er blieb im Hintergrund stehen. Wenn er rasch eine Flasche in die Hand bekam, mischte er sich mit einer gewissen Spottlust in die Gespräche ein, bis er ausgetrunken hatte, um frisch gestärkt Kurs auf die nächste Flasche zu nehmen. Gelang ihm das nicht, machte ihn die Angst vor dem Mangel trotzig, und manchmal überschüttete er die Anwesenden dann mit Beleidigungen.

Nyamata erwachte nur langsam aus der dumpfen Lähmung, die der Genozid hervorgerufen hatte. Nach vier Wochen des Mordens waren zweiundfünfzigtausend Leichen auf den Straßen und den umliegenden Hügeln zurückgeblieben. Der Marktflecken sah sich ins Chaos gestürzt. Die Menschen versuchten, ihre Trauer zu überwinden, gegen das Elend anzukämpfen und, wenngleich vergeblich, die Leere zu füllen. Unzählige einsame Gestalten irrten auf der Hauptstraße umher, überlebende Tutsi, von den Gemetzeln verunstaltet und unter Schock, mit nichts als ihrem Entsetzen, dazu verängstigte Hutu. Menschen, deren Leben in Trümmern lag oder die es aus Furcht vor den Geistern ihrer ermordeten Angehörigen nicht wagten, auf ihre Parzellen zurückzukehren. Zu geschwächt, um »weiterzuleben, weil das Leben so entschieden hatte«, wie es Francine, eine Bäuerin, formulierte. Englebert unterschied sich von allen anderen durch die Energie, mit der er die Ortschaft durchstreifte, und durch seine unerschöpfliche Lust, zu reden und zu trinken.

Ein Franzose, der am Steuer seines Kleintransporters über die Hügel fuhr, um ein erstes Buch über den Genozid vorzubereiten, musste damals in der Hauptstraße von Nyamata auf berechtigtes Misstrauen stoßen. Aber das kam Englebert nicht in den Sinn. Niemals war ihm ein Zeichen des Argwohns anzumerken, und nie ließ er zynische oder von Enttäuschung diktierte Bemerkungen fallen, die gleichwohl verständlich und angebracht gewesen wären und die in jener Zeit die Unterhaltungen bestimmten. Er liebte es, über alles und jedes zu plaudern, bis zu einem bestimmten Alkoholpegel.

Einige Jahre später wurde der Markt in die Mitte der Hauptstraße verlegt, auf den zentralen Platz von Nyamata. Er dehnte sich aus, und das Warenangebot wurde vielfältiger. Scharen von Bäuerinnen trugen wie früher die Früchte von den Hügeln herunter, die Frauen der Fischer des Nyabarongo-Flusses räucherten wieder ihre Fische, und Handwerker machten sich wieder an die Arbeit. Aus Kigali wurden ganze Ladungen mit Second-Hand-Kleidung aus Europa herangeschafft, leichte Pumps und Halbschuhe. Nähmaschinen der Marken Singer und Butterfly ratterten in den Schneidereien um die Wette. Um den Markt herum eröffneten Schlossereien, Friseursalons, Restaurants und Teestuben. Marie-Louise gab ihren Laden auf, um sich mit zwei PCs, die sie in ihrem neuen Haus am Ende der Hauptstraße aufstellte, ins Abenteuer der Informatik zu stürzen. Der Freundeskreis zog in das »KBC« um, ein anderes von Kerzen beleuchtetes Lokal mit verblichenen grünen Wänden, das Mama Mwungera gehörte und hoch oben in Kayumba lag.

Englebert ging auf Distanz, weniger weil ihm der Hang zu steil gewesen wäre, sondern weil er an die Menschenmenge und die Kneipen auf der Hauptstraße gewöhnt war. Die Fahrradtaxi-Stationen vermehrten sich, ebenso die religiösen Sekten. Ein Kino bot Vorführungen von Kung-Fu-Filmen an, und bald wurden auch die Spiele der englischen Premier League live übertragen. Doch weder die heruntergekommenen Kneipen noch ihre Kunden scherten sich um die Zeitläufte. Unentwegt ging Englebert die Straßen entlang, morgens ein Witzbold, um die Tagesmitte fröhlich und wortreich, bei Einbruch der Dämmerung ein leicht torkelnder Schwadroneur, manchmal komisch, manchmal anstrengend, gar bösartig. Er schlief, wo immer er einen Platz fand. Gelegentlich brachte ich ihn mit meinem Kleintransporter zurück auf seinen Hügel in Nyiramatuntu.

Seine Parzelle liegt über einer großartigen Landschaft und ist nach Westen ausgerichtet, sodass sie von der Sonne beschienen wird, bis zum schlagartigen Einbruch der äquatorialen Nacht. Ringsum fallen die noch immer brachliegenden, verwilderten Ländereien steil ab bis zur Senke der riesigen, unbewegten Sümpfe, deren Grün intensiver ist als das des Buschwerks und die hier und dort von schmalen Streifen glitzernden Wassers durchzogen werden. Auf der gegenüberliegenden Seite bedecken Bananenplantagen und Felder die Hügel von Ntarama und Kibungo, und in der Ferne zeichnet sich eine Biegung des Akanyaru-Flusses ab.

Obwohl es verlassen ist, trotzt sein Lehmhaus inmitten eines Wäldchens von Guaven und Avocado-Bäumen mit gelben Blüten bislang dem drohenden Verfall. Als er dort im Angesicht der Schönheit des Hügels saß, war Englebert bereit, von seiner Familie zu erzählen, und dort willigte er zum ersten Mal ein, über die Massaker zu sprechen, die er unten in den Sümpfen erlebt hatte. Zweifelsohne tat er das aus Freundlichkeit und um mir für die spendierten Biere und die Beförderung im Kleintransporter zu danken, denn er kannte den Grund meiner wiederholten Aufenthalte.

Am Ende der Hauptstraße ist inzwischen ein richtiger Fußballplatz angelegt worden, daneben befindet sich jetzt eine überdachte, mit Backsteinmauern umbaute Markthalle. Der größte Markt wird nach wie vor am Mittwoch abgehalten, ein etwas bescheidenerer am Sonnabend, und es gibt ein tägliches, ständig vorhandenes Warenangebot bis in die Nacht hinein, wobei Laternen die Petroleumlampen von einst ersetzt haben. Englebert kommt jeden Tag vorbei, unter anderem, weil er hier in einer Ecke zwischen Ziegen und Hühnern einen Freund trifft, der ihm die Pfeife anbietet.

Mit ausdauernder Beharrlichkeit absolviert Englebert seine Kneipentour, er besucht die Bar der Ehefrau von Tite, des talentiertesten Fußballers, den Nyamata je gesehen hat, die Trinkhalle gegenüber dem Haus von Marie-Louise, in der es auch Lebensmittel gibt, und den Laden der Barmherzigen Schwestern unweit der ehemaligen Bäckerei von Sylvie. Er bevorzugt die Kaschemmen, die noch nicht den modernen Lokalen rund um den großen Platz gewichen sind, und die noch düstereren Schenken, die in den rückwärtigen engen Gassen liegen, wo er trifft, was er eine Gruppe von Bekannten nennt. Im Gegensatz zu vielen seiner Kollegen verschmäht er das gute alte *Urwagwa* nicht, obwohl ihn nichts mehr erfreut als ein kühles Primus und er sich auch an die Fläschchen gewöhnt hat, die mit der Globalisierung ins Land gekommen sind, an Wodka, Gin, gepanschten Whisky und andere, noch fürchterlichere Fälschungen.

In der Kammer, die Marie-Louise ihm im hinteren Teil ihres Hofes überlassen hat, bringt er seine Kleidung in einem marineblauen Koffer unter, insbesondere eine gelbe Krawatte und eine zweite rosafarbene, außerdem einen Kugelschreiber und Blätter unbeschriebenen Papiers, die *Ilias* von Homer – sein Lieblingsbuch –, eine Zahnbürste und eine Dose Schuhcreme.

Sechzehn Jahre nach unserem ersten Zusammentreffen weiß ich immer noch nicht, welchem verborgenen Instinkt seine Wanderungen durch Nyamata folgen. Sein hastiger Aufbruch am Morgen verlangsamt sich im Laufe des Tages, bis er in taumelnden Schritten endet. Niemand hat ihn je krank gesehen, niemand je nüchtern. Die Zeit hat kaum Spuren bei ihm hinterlassen. Er erfreut sich anhaltender Beliebtheit.

Manchmal bummeln wir abends zusammen über die Hauptstraße, um nach weiteren *Urwagwa* für ihn Ausschau zu halten. Und wenn man sich von der Geschichte der Massenmorde, die dieser Region keine Ruhe lassen, beinahe erdrückt fühlt, dann lernt man Engleberts Launen zu schätzen, seine Wutausbrüche, seine Gewitztheit, seine plötzlich aufblitzende Freude oder Verzweiflung.

UM HALB SECHS UHR, sobald das Tageslicht durch das Fenster dringt, wache ich auf – jeden Morgen, ohne Ausnahme. Früh aufzuwachen ist für mich nichts Besonderes. Es ist eine Gewohnheit aus meinen Kindertagen, als ich noch vor der Schule die Kühe zur Tränke an den Fluss trieb. Ich stehe auf, wasche mich im Hof, putze die Schuhe und gehe auf die Straße hinaus, selbst wenn ich nichts zu tun habe. Meine Eltern kannten das, meine Nachbarn, und heute kennen das auch die Kinder im Haus von Marie-Louise. Als ich in Kigali arbeitslos war und nichts in der Tasche hatte, besuchte ich um sechs Uhr die Frühmesse in der Kirche Saint-André. Nach halb sechs kann ich nicht mehr länger im Bett bleiben, nicht einmal bei einem Malariaanfall. Am frühen Morgen suchen mich die Erinnerungen heim, und die Menschen verwirren mich, ich fliehe vor ihnen.

Kaum auf der Straße, laufe ich los. Ich mache mich auf die Suche nach der ersten Morgensonne. Böse Zungen behaupten, ich ginge so früh aus dem Haus, um kostenlos an Sorghumbier zu kommen, das um diese Zeit in den kleinen Kneipen destilliert wird. Doch das ist bloß Geschwätz. Ich gehe nach Rwakibirizi, acht Kilometer weit entfernt. Ich renne niemals, trotzdem ist es eine Art Sport. Fällt mir unterwegs ein Scherz ein, behalte ich ihn im Kopf. Bei der Ankunft in Rwakibirizi reicht mir ein Freund die Tabakspfeife.

Oder ich gehe nach Karambi, das liegt hinter dem Schlachthof von Nyamata. Dort bietet mir eine alte Dame namens Félicité die Pfeife an. Sie hat die neunzig Jahre bereits überschritten und nähert sich den hundert, ich weiß nicht, wann genau. Sie raucht seit jeher. Ich habe sie zufällig kennengelernt, eines Tages, als ich nicht wusste, wo ich etwas zu rauchen herbekommen sollte. Ich habe gesucht, ich fand mich in ihrer Gegenwart wieder, und sie reichte mir die Pfeife herüber. Auf diese Weise haben wir uns sogleich gut verstanden. Wir sprechen über das, was in der Stadt passiert, sie sagt mir, dass für sie alles gut verläuft, ich antworte ihr, dass für mich alles bestens steht. Sie wundert sich, dass sie lebend aus den Sümpfen herausgekommen ist, ich sage ihr, dass ich mich auch wundere. Sie ist unterhaltsam, sehr freundlich, aber wegen ihres hohen Alters rühren wir fast kein anderes Thema an. Jedenfalls vertue ich meine Zeit bei ihr nicht.

Ich rauche jeden Morgen. In der Frühe nehme ich noch keinen Alkohol zu mir, ich gehe spazieren, ich denke über alles nach, bevor ich zu trinken beginne. Wenn ich in meine Kammer zurückkomme, mache ich das Bett und wechsle die Kleidung. Ich habe mehrere Kleidungsstücke im Koffer, ich mag es, sie im Laufe des Tages zu wechseln. Ich nehme ein *Urwagwa* oder ein Sorghumbier an der Ecke zu mir, drehe eine kleine Runde und komme zurück. Danach? Blättere ich ein Buch oder Papiere durch. Vielleicht schlägt mir jemand ein kleines Projekt vor, wie etwa ein Kreditgesuch. Ich setze es an Ort und Stelle auf. Ich bin Fachmann in kleinen Projekten. Bei mir dauert das nicht lange, niemals mehr als eine Stunde. Wenn ich von der betreffenden Person einen kleinen Geldbetrag erhalte, kann ich mir ein Primus oder sogar einen Gin aus Uganda leisten. Und so mache ich weiter.

Im Gehen weiche ich dem Pessimismus aus. Ich gehe in großen Schritten, ich unterhalte mich mit den Leuten, die ich zufällig treffe, ohne mich für irgendjemand Bestimmtes zu entscheiden. Wie du sehen kannst, gibt es eine Menge Leute auf der Straße. Ich mag es, spazieren zu gehen, ich habe viele Bekannte. Man scherzt gerne mit mir. Ich kann mit allen reden, aber nicht mit jedem Beliebigen. Wenn jemand den Blick senkt oder mir etwas Ärgerliches an den Kopf wirft, dann wende ich mich ab und gehe meiner Wege.

Komme ich an einer Kneipe vorbei und habe einen Geldschein zur Hand, mache ich halt. Wenn nicht, dann versetze ich mein Mobiltelefon für einen Tag bei den Barmherzigen Schwestern oder im »Facebook«, in der Nähe des Marktes, und gehe in ein anderes Lokal, um an den *Chalumeau* zu kommen, den Trinkhalm für das *Urwagwa*. Wir unterhalten uns über alles, über den Regen, der nicht aufhört, auf jeden Fall über Dinge, die das Leben nicht schwieriger machen. Ich weiche den Erinnerungen aus, die sich an mich herandrängen. Warum sich damit eine Flasche Bier verderben? Ich mag es, wenn der Tag ohne Zwischenfälle vorübergeht. Wir geben unverhoffte Neuigkeiten unter Kollegen weiter, wir machen Witze. Ich liebe es, mit den Worten zu jonglieren. Ich lache gerne. Die anderen zu amüsieren macht mir Freude. Wenn ich lache, dann, weil ich zufrieden bin. Ich bin so geschaffen. Ich greife zur Flasche, ich trinke, was gerade da ist, ich trickse meine Einsamkeit aus. Auf diese Weise kann ich auch mein Leben erzählen.

Ich heiße Englebert Munyambonwa, ich bin der Sohn von Simon Ntagara und Félicité Nyiramugwera. Ich bin sechsundsechzig Jahre alt, aber immer noch strotze ich vor Kraft. Die Menschen meiner Generation sterben oder altern, ich dagegen – bin ich etwa krank? Bin ich schwach? Ich muss niemals im Bett liegen und mich ausruhen. Ich kann von morgens bis abends trinken, und doch bleibe ich standfester als alle anderen.

Mein Ahne war ein *Mwami*. Ja, ja, ein Tutsi-König. Natürlich weiß ich das sicher, ich kann meine Vorfahren bis in die sechste Generation aufzählen. Mein Großvater hat mir das in allen Einzelheiten erklärt. Mein Vater erzählte es uns in den Abendstunden. Er war sehr stolz darauf. Er hat sich sogar einen Stammbaum zeichnen lassen.

Dieser *Mwami* nannte sich Yuhi Mazimpaka. Damals ließen sich die Könige noch nicht taufen, daher trugen sie keine christlichen Vornamen. Er war ein bisschen verrückt. Von Zeit zu Zeit machte er irgendwelche Sachen, zum Beispiel ließ er seine engsten Vertrauten töten, weil er zu viel getrunken hatte. Unter Alkohol konnte er grausam werden. Aber im Allgemeinen galt er als freundlich. Er verschenkte viele Kühe, wirklich. Er wohnte mit seinem Hofstaat in der Hauptstadt Nyanza, aber er besaß ein Grundstück und eine Ehefrau in jeder Provinz. Wohin er auch reiste, verlangte er, seine einfachen Untertanen zu treffen, weil ihn das von den Schmeichlern am Hof ablenkte. Wenn die Bauern kamen, um ihm ihren Mut und ihre Treue zu beweisen, wenn sie sich fröhlich oder lachend zeigten oder wenn sie gute Ernten meldeten, dann befahl er seinem obersten Viehzüchter: »Den da, den muss man belohnen, lasst ihm zwei Kühe bringen oder vier ...« Natürlich musste der die Kühe nicht aus seinem eigenen Bestand nehmen, es war ein Geschenk aus der königlichen Herde. Der Mwami verschenkte wirklich sehr viele davon.

Und noch etwas: Er plauderte auf großartige Weise. Die Leute liebten es, ihm zuzuhören, weil er entzückende Geschichten erzählte, die einen zum Lachen oder zum Weinen bringen konnten. Einen König, der viel trinkt, Kühe verschenkt und ein guter Erzähler ist, kann man in Ruanda nur lieben. Im Krieg legte er nicht so viel Mut an den Tag wie später sein Sohn Rujugira. Seine poetische Gabe genügte ihm. Er trug Fabeln im traditionellen Stil vor, die er sich selbst ausgedacht hatte. Seine Untertanen legten große Entfernungen zurück, um ihn zu hören. Er war von Natur aus klug, liebte es, zu scherzen, manchmal wirkte er wie ein Landstreicher. Er war mir ein bisschen ähnlich, wenn ich das sagen darf.

Meine Eltern bebauten ein Stück Land auf dem Hügel von Muko, in der Präfektur Gikongoro. Mein Vater besaß kräftige Kühe, vierzehn waren es, als der Genozid begann, und dazu noch Kälber. Seine erste Kuh hieß Indibori. Mein Vater mochte sie sehr. Sie hat eine ansehnliche Nachkommenschaft hinterlassen. Sie war von rotbrauner Farbe, mit winzigen Hörnern, denn man weiß ja, dass Kühe mit großen Hörnern nicht viel Milch geben. Die zweite nannte sich Indibagizabaswa. Mein Vater gab seinen Kühen Namen, sobald sie das erste Mal kalbten; vorher waren sie nur gewöhnliche Kühe. Er züchtete ausschließlich traditionelle Ankole, weil er mit der Herde meines Großvaters aufgewachsen war. Diese Kühe sind gut an unsere Abhänge angepasst, denn in der Vulkanregion dort unten treibt man die Kühe auf die verbrannte Erde zwischen den Schluchten, wo die Hufe nicht abrutschen dürfen.

Wir lebten in einem Rundhaus aus Lehm, abgedeckt mit Gras. Jedes Jahr, während der großen Trockenperiode, halfen uns die Nachbarn, das Gras zu erneuern. Wir boten ihnen Krüge mit *Urwagwa* an. Dann klopfte man bei einem anderen Nachbarn an, um ihm zu helfen, sein Grasdach zu wechseln, und danach trank man. Man unterhielt sich, man hörte die Geschichten der Alten. Es gab welche, die singen konnten. Das war schön, trotz der Armut.

Ich wohnte bei meiner Großmutter. Ihr Haus war mit weißem Kalk gestrichen, um ihm ein besseres Aussehen zu geben. Ich schlief in ihrem Bett, weil es nur das eine gab. So machte man das auf den Hügeln. Wenn sich eine alte Frau allein fühlte, dann gab die Familie ein kleines Kind zu ihr in Obhut, um Holz zu sammeln, Feuer zu machen, Wasser aus dem Fluss zu schöpfen und allerlei Hilfen mehr. Jeden Morgen um halb sechs stand ich auf, um die Kühe zum Fluss zu treiben und Wasser für die Großmutter zu schöpfen, dann ging ich drei Kilometer weiter, um für die Eltern Wasser zu schöpfen. Anschließend wusch ich mir die Füße und das Gesicht, zog eine Hose an und begab mich zur Schule, die nochmals drei Kilometer entfernt war.

Meine Großmutter hatte keine Schule besucht, sie konnte weder lesen noch schreiben, aber sie erwies sich als sehr klug. Sie sprach gut, sie war sehr freundlich. Übrigens glaubte ich, sie sei meine Mutter und die andere sei nur unsere beste Freundin. Sie hieß Kankera, war für eine Tutsi ziemlich klein, eher von rötlichem als dunklem Aussehen. Sie trug keinen christlichen Vornamen, weil mein Großvater entschieden hatte, nur seine erste Frau taufen zu lassen. Aber die Nachbarn nannten sie Catherine. Sie mochten sie sehr gerne. Dank meines Großvaters war sie fast reich. Er hatte ihr allein drei Kühe gegeben, jedoch keine Bananenplantage.

Sie braute ein berühmtes Getränk aus Sorghum, das als sehr schmackhaft galt. Die Krüge ließ sie kreisen, ohne dafür etwas zu fordern. Die Leute halfen ihr beim Bestellen des Landes und baten sie um vieles. Sie gab ihnen alles, was sie wollten, vor allem zu trinken. Während der ersten Massaker an den Tutsi in den sechziger Jahren floh die ganze Familie zu ihr, auch Großvaters andere Ehefrau, denn man wusste wohl, dass die benachbarten Hutu in der Umgebung ihrer Parzelle Sicherheit gewährleisten würden.

Mein Großvater, Thomas Kayirebe, war ein reicher Viehzüchter von sehr großem Wuchs. Er trug weder Hose noch Hemd wie die anderen. Er bevorzugte Stoffgewänder, ein geknotetes Tuch um die Taille fiel herab bis zu den Füßen, ein anderes bedeckte die Schultern. Er hatte nicht den Hut der Viehzüchter auf dem Kopf, weil er lange Haare und einen Bart trug. Um die Herde kümmerte er sich wegen seines hohen Alters nicht mehr persönlich. Er spazierte mit einem Stock, der so lang war wie er selbst, zwischen dem Grundstück seiner ersten Ehefrau und dem meiner Großmutter, seiner zweiten Frau, hin und her, und von Zeit zu Zeit sah er natürlich nach seinen Kühen.

Der Hügel, der ihm allein gehörte, bestand aus zehn Hektar Land und wurde von Bauern bewirtschaftet, die zu seiner Dienerschaft zählten. Obwohl er sich als Christ sah, hatte er, wie ich bereits sagte, zwei Ehefrauen – und viele Kühe. Man behauptete, es seien womöglich mehr als fünfzig. Er hatte sie in jenem schrecklichen Jahr 1963 alle retten können, als die Hutu uns bis zum Fluss jagten und unsere Behausungen niederbrannten. Er behielt sie bis zu seinem Tode. Er nahm sich wichtig, war aber gutherzig. Wenn er in das Haus eintrat, um zu essen, musste ich mich in einer kleinen Ecke still auf dem Fußboden zusammenkauern. Aber er ließ immer eine Menge Bohnen oder gebratenen Mais in der Schüssel übrig. Sobald er gegangen war, aß ich mich schnell satt und ging in die Schule.

DIE GRUNDSCHULE WAR aus Baumstämmen erbaut, die mit Gras bedeckt waren. Blechdach und Backsteine habe ich vor dem fünften Schuljahr nicht gesehen. Wir saßen auf der Erde, mit dem Heft auf den Knien und einem Tintenfass an der Seite, das man nicht umwerfen durfte. Wir lernten Rechnen, Rezitieren, Grammatik und Religion, denn wir sollten recht gläubig werden. Wir spielten Himmel und Hölle und alle Arten von Ballspielen, wobei die Bälle aus Bananenblättern bestanden. An den Wochenenden nahm ich die Hacke, um meinen Eltern aufs Feld zu folgen. Ich streute die Saat aus und sammelte die Ernten ein. Wenn Papa seinen Kaffee erfolgreich auf dem Markt verkauft hatte, kaufte er uns ein Hemd, und anschließend ging er direkt in die Kneipe. Wir anderen vergnügten uns mit Abzählreimen, oder wir sangen.

Bei meiner Großmutter hörte ich vor allem traditionelle Sagen. Man nennt sie *Umugani*. Das heißt, sie trug eine Sage vor, und ich schlief unterdessen ein, ohne den Schluss zu hören, denn sie dehnte die Geschichte auf dreißig oder vierzig Minuten aus. Genau so machte sie es.

Am Ende des Schuljahres wurden Preise verteilt. Man schenkte den Schülern, die es verdienten, Federmäppchen und Hefte. Nach dem ersten Schuljahr wurden die Schüler der Reihe nach auf dem Hof aufgestellt. Der Klassenprimus: Englebert. Aber Englebert war nicht da. Ich war

Wasser schöpfen gegangen. Der Direktor ging zornig zu meinen Eltern und fragte: »Warum hat sich Ihr Sohn nicht bei der Preisverleihung blicken lassen? Er ist doch der Beste.« Ich schnitt in fast allen Klassen am besten ab und beim Schreiben stets als Bester. Damals verteilte man noch keine Kugelschreiber, man tauchte die Feder in die Tinte. Ich schrieb sehr schnell, null Fehler, null Tintenkleckse. Außerdem war ich der Beste beim Rezitieren und beim Rechnen natürlich. Mein Geburtsname Munyambonwa bedeutet »Der, der den Blick auf sich zieht«. Das war der Wille meines Papas.

Aber ich war nicht der Einzige. Mein großer Bruder Narcisse schloss auch immer als Klassenbester ab. Er landete so weit vor allen anderen Schülern, dass er seine Studien im berühmten Kleinen Seminar von Nyundo fortsetzen durfte. Mein kleinerer Bruder Callixte nahm ebenfalls stets den ersten Platz ein, und so auch unser Jüngster, Joseph. Obwohl sie ihn die Klasse wiederholen ließen, um ihn für seine ethnische Zugehörigkeit zu bestrafen, ließ er sich nicht entmutigen und schnitt jedes Mal als Bester ab. In unserer Familie lernten wir ohne Mühe, selbst nach der Landarbeit. Es fiel uns leicht, weil es uns Vergnügen bereitete. Das wussten alle, und die Leute sagten: »Die Kinder von Simon sind wirklich schrecklich, niemand kann sie daran hindern, stets als Klassenbeste abzuschließen.« Das Lernen verlangte uns keine besondere Anstrengung ab, die man eigens hätte belobigen müssen.

Meinem Vater bereitete das außerordentliche Freude. Er war nur ein Jahr zur Grundschule gegangen, aber er kannte die Namen aller Könige Frankreichs, und er konnte alle Tiernamen auf Französisch hersagen. Abends wollte er immer Französisch mit uns sprechen, obwohl er sich in den Sätzen verhedderte. Er war es, der die Einschreibegebühren für die Schule bezahlte: 330 Francs für das erste Trimester, 340 für das zweite und nochmals 330 für das dritte. Wenn er nichts zum Bezahlen fand, dann bügelte uns Mama ein Hemd und schickte uns zur Caritas oder zum Bürgermeister, um einen kleinen Zuschuss zu erbitten. Meine Mutter ihrerseits hatte nie eine Schule besucht, keinen einzigen Tag, aber sie konnte Briefe lesen, wenn man sie in Großbuchstaben schrieb.

Auf jeden Fall war diese Mitgift unser Glück. Im sechsten Grundschuljahr setzte der Direktor ein Empfehlungsschreiben für mich auf. Zu jener Zeit konkurrierten drei Lehranstalten um den besten Ruf, das Collège du Christ-Roi in Nyanza, das Kleine Seminar von Nyundo, wo mein Bruder Narcisse Aufnahme fand, und das Collège in Butare, wo mein Bruder Callixte die Zulassung erhielt.

Ich selbst wurde am Christ-Roi aufgenommen. Dort war der Unterricht vor allem auf die humanistische, griechisch-lateinische Bildung ausgerichtet. Wir haben die Tragödien von Sophokles und Aischylos gelesen, die *Aeneis* von Vergil, Tacitus und sämtliche Klassiker. An einem Tag übersetzten wir aus dem Griechischen oder Lateinischen, am nächsten zurück ins Original. Der Griechischlehrer war ein Abbé aus Lüttich, der Lateinlehrer ein Flame aus Antwerpen, der Sportlehrer war ebenfalls ein Lütticher Pfarrer. Die Diözese Lüttich unterstützte uns, der dortige Bischof besuchte uns jedes Jahr.

Der Rektor und Stiftsherr hieß Eugène Ernotte. Er war Abbé wie die anderen, aber man nannte ihn Stiftsherr, weil er sehr geschätzt wurde. Er empörte sich über die ethnischen Unterscheidungen. Als er später, 1994 während des Genozids, in seiner Diözese, in der er sich zur Ruhe gesetzt hatte, davon erfuhr, dass mehrere seiner ehemaligen

Schüler in die Massaker verwickelt waren, brach es ihm das Herz. Er hat uns wirklich geholfen. Als sich am ersten Schultag zwei Söhne von Ministern mit Schuhen an den Füßen einfanden, fragte er sie: »Wie könnt ihr in Schuhen gehen, während eure Kameraden mit nackten Füßen laufen?« Die beiden willigten ein, sie auszuziehen.

Selbstverständlich gingen wir barfuß. Meine ersten Schuhe habe ich ganz am Ende meiner Schulzeit bekommen, am letzten Tag in Ruhengeri. Das war anlässlich der Bekanntgabe der Abschlussergebnisse, man hatte mir eine neue lange Hose gegeben, weil ich in der ersten Reihe stand. Eine neue lange Hose ohne Schuhe, das war kaum denkbar. Daher brachte mir mein großer Bruder ein Paar Schuhe aus Kautschuk.

Im Collège du Christ-Roi ging es mir gut. Wir schliefen in einem Schlafsaal mit Doppelbetten, aber im Unterrichtsraum hatte jeder sein eigenes Schreibpult. Ich habe die *Pensées* von Pascal gelesen, die Tragödien von Racine und Corneille. Ich habe die Sprache Molières anhand seiner Stücke gelernt, dazu die griechischen und lateinischen Klassiker gelesen, wie ich schon sagte, und die Sammlung *Tout savoir*. Ich konnte nicht nur Fabeln oder Gedichte aller Art im Kopf behalten. Im letzten Trimester lernte ich ein vierundzwanzigseitiges Heft mit Geschichts- und Erdkundelektionen auswendig. Das heißt, dass ich mich bei der Prüfung an die Seite erinnerte, auf der sich die Antwort auf die gestellte Frage befand. Ob es nun die Breitengrade, die Meridiane oder der Hundertjährige Krieg waren. In Algebra und Geometrie fühlte ich mich jedoch am wohlsten.

Ich lernte auch Tischtennis. Ich spielte sehr geschickt. Dem Fußball habe ich nie etwas abgewinnen können. Sonntags nach der Messe trat ich gegen den Ball wie die anderen, aber es gab immer stärkere Spieler, die mich anrempelten und hinwarfen, vor allem Hutu. Und wenn man die Mannschaften aufstellte, wurde ich niemals ausgewählt. Beim Wettlauf war es besser, weil ich vorneweg lief. Am liebsten aber mochte ich Tischtennis, denn ich spielte wie ein Ass.

In den Ferien kehrte ich nach Hause zurück. Mit dem Lastwagen? Welcher Lastwagen? Wir packten die zweite Hose in ein Bündel, befestigten es auf dem Rücken, nahmen einen kleinen Beutel mit Lebensmitteln in Empfang und liefen los. Das war ein Marsch von ungefähr sechzig Kilometern. Unterwegs tranken wir Wasser aus dem Fluss. Wir begegneten Affen, Hasen und Vögeln, die wie alte Menschen aussahen. Keinen Hyänen oder Leoparden, denn wir gingen nicht bei Nacht. Außerdem ging ich, da ich sehr klein war, in Begleitung von Leuten, die die gleiche Richtung einschlugen und Lärm machten. Manchmal erwiesen die stärkeren Personen dir einen Freundschaftsdienst und trugen dein Bündel eine Wegstrecke lang, und so ging es weiter bis zum Haus der Familie.

Natürlich halfen wir während der Ferien bei der Landwirtschaft. Wir schöpften Wasser, hüteten die Kühe, säten das Korn aus. Wir halfen Mama, die Bohnen einzusammeln. Wir spielten Fangen bis nach Kanazi, wir tauschten Zärtlichkeiten mit den Mädchen in den Büschen aus, wir kamen um sechs Uhr abends schmutzig nach Hause und wurden ausgeschimpft. Es war so wie überall.

Ich schloss die Sekundarstufe am Collège du Christ-Roi als Bester in Algebra und Geometrie ab. Der Stiftsherr sagte mir: »Du hast eine mathematische Begabung, ich werde dir eine Empfehlung für ein Institut schreiben.« So wurde ich am Institut für Höheren Unterricht in Ruhengeri angenommen, obwohl ich Tutsi bin. Wir wohnten in einem solide gebauten Haus. Wie die anderen hatte ich ein Bett im Schlafsaal, ich legte den Schwerpunkt auf Mathematik und Chemie. Das war gut. Aber ich habe nicht nur gute Erinnerungen. Es gab auch gefährliche Zeiten.

Als sich die Massaker an den Tutsi 1963 in der Provinz Gikongoro ausbreiteten, verfolgten uns die Schüler des Instituts mit Macheten und Messern. Wir waren acht oder zehn Tutsi, verteilt auf vierzig Klassen, aber das waren in den Augen unserer Mitschüler schon zu viele. Ich wurde geschlagen, erlitt aber keine Schnittwunden. Ich entkam in letzter Minute, weil der Direktor uns in seinem Auto versteckte und nach Kigali brachte. Er war ein Deutschschweizer. Ich floh zu meinem großen Bruder Narcisse. Später rief mich der Direktor zurück, er hatte die Täter bestraft, und ich konnte meine Studien fortsetzen. Als diese Mitschüler uns verfolgten und drohend die offenen Klingen schwangen, begriff ich die Gefahr, ein Tutsi zu sein – das Verhängnis, wenn ich das sagen darf. Ich begriff, warum die Tutsi und die Hutu sich nicht mehr verständigen, einander nicht mehr vertrauen konnten.

Auf den Hügeln begannen die ethnischen Konflikte schon im Jahr 1959, als ich die Grundschule beendete. Wir erfuhren, dass der *Mwami* seinen letzten Atemzug getan hatte. Hasstiraden breiteten sich über die Hügel aus. Auf einmal kamen sie von überall her, stießen heisere Drohungen aus und jagten uns mit Macheten. Genauer gesagt, wurden wir überrascht wie ein Tier, das man aufscheucht. Völlig außer Atem flohen wir und verließen die Parzelle, ohne auch nur einen Sack Bohnen mitzunehmen. Wir flüchteten zur Großmutter. Dann begann alles von Neuem, und wir rannten in Richtung Berge.

Wir flohen zu Fuß, Frauen, Kinder, Alte – alle rannten hintereinander davon. Wir kletterten einen Berg hinauf, der einem Vulkan glich, wir schliefen im Wald. Wir trugen nichts mit uns, es gab keine Zeit für Abreisevorbereitungen, außer dass die Mütter sich die kleinen Kinder auf den Rücken gebunden hatten.

Während unserer Abwesenheit führten sie das Vieh weg, brannten aus lauter Bosheit die Strohhäuser nieder. Sie durften die Ländereien derer beschlagnahmen, die auf Lastwagen ins Ausland geflohen waren. Aber ihre Feldzüge dauerten nicht lange. Es war eine Angelegenheit von einer Woche. Sie schwangen zwar die Macheten, doch sie töteten uns nicht.

Ob ich erstaunt war, die Flammen und Feuersbrünste zu sehen? Natürlich, denn ich betrachtete sie mit den Augen eines Kindes. Aber ich habe meinen Eltern niemals eine Frage gestellt. Ich blieb schweigsam. Möglicherweise unterhielten sich die älteren Leute in den Abendstunden über das Geschehen. Aber in der Familie sprach man nicht darüber, und auch heimlich in der Dunkelheit hörten wir nichts. Wenn mein großer Bruder und ich uns etwas zuflüsterten, dann nur Andeutungen. Nein, nein, niemals auch nur eine kleine Frage. Meine Eltern waren eben Bauern, sie hatten keine Zeit, über so etwas wie ethnische Zugehörigkeiten zu reden. Sie rannten, wenn sie rennen mussten, sie beteten wie jedermann, und sie kehrten auf ihr Stück Land zurück, ohne zu murren. Sie fingen wieder bei null an, nicht wahr? So war das. Sie tauschten das Saatgut mit den benachbarten Hutu, und man leistete sich gegenseitig Hilfe wie zuvor.

Im Jahr 1963 flammten die Angriffe wieder auf. Ich war in den Weihnachtsferien, als das Gerücht von Massakern sich von Parzelle zu Parzelle verbreitete. Über das Radio warnte man uns selbstverständlich nicht. Wir ließen alles stehen und liegen und flüchteten, in der Nähe bewohnter Grundstücke stießen wir auf Leichen. Natürlich regnete es. Ich weiß nicht, wie die Mörder den Moment für ihre Angriffe festlegten, aber sie suchten sich stets die Regenzeit aus, auch 1973 und 1994. Man rutschte im Schlamm aus und konnte sich nachts nicht anständig hinlegen. Zitternd versteckten wir uns in einer Pfarrei und kehrten später zurück.

Es waren Nachbarn, die uns verfolgten und hinter uns herrannten. Keine Räuber oder Milizionäre der *Interahamwe*. Ich weiß das, weil ich damals bereits aufs Collège ging. Niemand kam aus einer anderen Gegend. Außerdem konnten wir einige unserer Kühe in der Umgebung wiedererkennen. Warum jagten sie uns jetzt, während sie eine Woche zuvor noch friedlich mit uns getrunken hatten? Die Aufforderungen kamen von oben. Sie sagten, sie wollten keine Tutsi mehr in den *Chefferies*, den Bezirks- und Unterbezirksverwaltungen, Schluss mit der Sklaverei. Sie neideten uns das Fleisch unserer Kühe. Sie rächten sich auf diese Weise für die lange Königsherrschaft der Tutsi. Das nagte an ihnen.

Als wir zurückkehrten, waren die Kühe und Ziegen weg, die Arbeitsgeräte geplündert, ebenso alle Vorratssäcke. Die Häuser waren zerstört. Also richteten wir Wände aus Bambus auf, strichen den Lehm glatt, brachten Dachbalken aus Eukalyptusholz an, deckten das Dach mit Gras und fanden einen Weg, Kälber zu kaufen.

Da es überall Menschen guten Willens gibt, sagte manchmal ein Nachbar zu uns: »Hier, nehmt eure Kuh, ich habe sie während eurer Abwesenheit gehütet.« Oder sie gaben uns Arbeitsgerät und Werkzeuge zurück. Aber das kam nicht oft vor. Niemand verpflichtete sie zur Rückgabe, niemand verurteilte sie.

Im Jahr 1967 ging es wiederum heiß her. Die politischen Parteien fachten das Feuer an. Man sagte, diesmal sei endlich Schluss, sie wollten keine Tutsi mehr auf den Hügeln. Aber die Massaker hielten sich in Grenzen. Es fehlte an Führungspersonen, Bürgermeistern, Lehrern und so weiter. Wir sind weggerannt, wir kehrten auf unsere Ländereien zurück, wir nahmen die Hacke in die Hand und gingen wieder aufs Feld.

UM DIESE ZEIT BESCHLOSS MEIN VATER, den Pastorenrock anzuziehen. Er hatte sich während seiner Ruhepausen ein wenig mit der adventistischen Theologie vertraut gemacht. Er glaubte nicht an diese achtbare Religion, aber er erhoffte sich in einer Gemeinde Sicherheit und ein wenig Geld für seine Familie. Weil mein ältester Bruder Narcisse am Kleinen Seminar studierte, kamen die Abbés den Hügel herauf, um meinem Vater ins Gewissen zu reden: »Ein Vater als Pastor und ein Sohn im Priesterseminar, das passt nicht zusammen.« Mein Vater antwortete: »Entlasst meinen ältesten Sohn nicht, der überall als Bester abschneidet. Ich behalte meinen katholischen Glauben.« Auf diese Weise hat er zu den Bohnen auf dem Feld zurückgefunden.

Am Institut für Höhere Bildung in Ruhengeri beendete ich den humanistischen Unterricht fast als Klassenbester, und ich wurde für die medizinische Fakultät der staatlichen Universität von Butare ausgesucht. Als ich mit meinem Bündel vor dem Tor angekommen war, sah ich, dass sie meinen Namen von der Liste der Angenommenen gestrichen hatten. Ethnische Quoten. Ob ich hätte protestieren können? Es waren die Jahre, in denen die Tutsi auf der Hut sein mussten.

Ich bekam einen Job beim Zoll. Ich fühlte mich wohl bei der Arbeit, ich wohnte im Kiyovu-Viertel in Kigali. Endlich trank ich Primus und gab das *Urwagwa* auf. Doch im Jahr 1970 wurde im Radio zu Bewerbungen für den Aufnahmewettbewerb des Panafrikanischen Entwicklungsinstituts aufgerufen. In Kamerun, warum nicht ich? Ich finde mich am Tag der Prüfung ein. Keine ethnischen Streitigkeiten, ich gewinne.

Der Gemeinsame Markt stellte mir ein monatliches Stipendium und das Flugticket zur Verfügung. Ich packte mein Bündel und bestieg die Gangway des Flugzeugs nach Douala. Es war eine DC-10. Welch ein Komfort! Ich sagte mir: »Du kannst noch nicht einmal ein Fahrrad lenken, aber du fliegst. Man steuert dich durch die Luft.« Von Zeit zu Zeit brachte man uns raffinierte Speisen und Getränke. Ich trank alles aus. Auf der Toilette war ich sehr davon angetan, hoch über den Wolken zu pissen.

Drei Jahre lang studierte ich am Institut, und zwar Demographie, Wirtschaftswissenschaften und Mathematik. Ich ließ nichts aus. Ich schlief wie die Weißen in einem Zimmer mit Bett unterm Moskitonetz. Man mischte sich unter die Studenten aus den verschiedenen afrikanischen Ländern, man versuchte, Eindruck zu machen, und gab sich jovial, ohne ethnische Streitereien.

In Douala war es heiß, heißer als hier in Ruanda. Wir sprangen in den Fluss, um uns im Schwimmen zu üben. Die Moskitos fraßen uns bei lebendigem Leib. Abends gingen wir unter Kommilitonen spazieren, wir sprachen ausschließlich über das Studium und über Mädchen. Ich kannte alle Viertel von Douala, die Bars, Hotels, Kneipen und Supermärkte. Ich hatte viele Freunde unter den Kamerunern. Da gab es einen, der mit seiner Frau ein kleines Lokal in der Nähe des Instituts betrieb, ich besuchte ihn jeden Tag. Sonnabends teilten wir uns ein Taxi, wir gingen in die Kneipe, um 33 Export zu trinken, die kleine oder die große Flasche. In Douala hörten wir ein Konzert von Salvatore Adamo, »Lass meine Hände um deine Hüften«, »Es fällt der Schnee«, das war gut.

Es fehlte nicht an Mädchen, die uns besuchten. Wir hatten kleine Liebschaften, aber von Verlobung war nie die Rede. Man vergnügte sich, so kann man es sagen. Ob wir sehr geliebt wurden? Ja, ja, ich war sehr kräftig, mich liebten sie sehr. Vor allem eine von ihnen. Ich erinnere mich nicht an ihren Namen, aber sie wurde Minette genannt, sie lebte im Bassa-Viertel. Wir vereinbarten zu heiraten, wenn ich zurückkehren würde. Sie hat mich auf eine Weise zum Narren gehalten, die ich nicht erklären kann. Ich habe mich einwickeln und verraten lassen. Seither bin ich enttäuscht von den Mädchen, ich liebe sie nicht mehr so wie früher. Ich argwöhne dauernd, dass sie mir Schwierigkeiten machen wollen. Ob mich dieses Mädchen auf die schiefe Bahn gebracht hat, wie man mir sagte? Ich würde nicht mit Nein antworten, aber wie kann ich das wissen? Sie hätte es mir wohl kaum gesagt. Auf jeden Fall fühle ich mich seither ziemlich frustriert.

1973 begannen die Gemetzel im Land aufs Neue. Für die Tutsi stand es nicht gut. Sie konnten ihre Toten gar nicht mehr zählen. Meine Brüder beauftragten durchreisende Priester, mich davor zu warnen, nach Ruanda zurückzukehren. Massaker, die man nicht vergessen würde, kündigten sich an. Der Institutsdirektor beherbergte mich noch fast sechs Monate nach dem Diplom. Er gab mir ein wenig Geld für Getränke, er mochte mich sehr. Er hieß Ben Mady Cissé. Später wurde er Minister im Senegal und Direktor bei der UNESCO. Im Juli 1973 machte Habyarimana dann seinen Staatsstreich gegen Kayibanda, und die Lage der Tutsi verbesserte sich erst einmal. Ich kehrte zurück.

Ich erhielt eine feste Anstellung im Sozialministerium, natürlich in Kigali. Man versetzte mich sofort in die höchste Gehaltsstufe. Ich wurde Inspektor und war zuständig für sämtliche Kooperativen im Land. Wir waren eine kleine Anzahl von Beamten, wir trugen Jacketts, benutzten das Diensttelefon, und zu Hause hatten wir Sturmlaternen. Ich arbeitete mit zwei flämischen Fachleuten zusammen. Ein Dienstfahrzeug beförderte uns zu den Kooperativen; wir gaben viele Ratschläge, tranken Primus und aßen Fleisch. Man führte das süße Leben eines Beamten.

Ich wohnte im Nyamirambo-Viertel. Weil ich gerne las, ging ich in das französische Kulturzentrum oder zu den Amerikanern. Das lohnte sich, denn wir mussten nichts bezahlen. Man legte uns Listen mit Büchern zur Auswahl vor, alle möglichen Titel, aus allen Gebieten, wissenschaftliche Werke oder Atlanten. Ich persönlich mochte vor allem historische Bücher, ohne jedoch andere zu vernachlässigen. Die Geschichten der Griechen und der Trojaner wurden mir nie langweilig. Man bot uns auch Zeitungen und Zeitschriften an. Ich habe stets Gefallen an der Lektüre von Zeitungen gefunden, weil du darin Dinge liest, die sehr aktuell sind und die dich anregen.

Für zweitausend Francs mietete ich ein Haus aus Zement mit einem *Boy*. Mir blieben vierzehntausend für Getränke und Kleidung. Ich war auf schöne Kleidung aus, ich fand mich chic. Alle Welt wusste das. Seit ich mein erstes Stipendium erhielt, habe ich mir gerne Kleidung angeschafft. Ich kannte die eleganten Boutiquen, kannte meine Größe und trat ein, um, ohne zu zögern, Einkäufe zu machen. In Douala kam ich mit mehreren Konfektionsanzügen an. Die Schneider hielten mich auf der Straße an: »Leihen Sie uns Ihren Anzug für einen Tag, damit wir den Schnitt nachmachen können.«

Mein Stil? Ich mischte verschiedene Moderichtungen. Ich trug den *Abacost* à la Mobutu, ein Jackett mit chinesischem Kragen und gesäumten Ärmeln, dazu Hosen im gleichen Stoff. Erinnerst du dich? Diese Mode liebte ich. Und dann von Zeit zu Zeit schöne Hosen, in Kombination mit europäischen Hemden, langärmlig und mit Manschettenknöpfen. Um ehrlich zu sein, ich verstand es, auszuwählen. Es fehlte nicht an Anwärterinnen, die an meine Tür klopften, ich mochte sie gerne, aber ich ließ die Chancen verstreichen. Keine Einzige gefiel mir gut genug, um sie zu heiraten. Ich erinnere mich an Odette, sie war sehr reich, sehr groß und freundlich. Sie führte ein sehr gut besuchtes Lokal, immerzu lachte sie, tanzte, sie liebte mich sehr und ich sie.

Ich fing an zu trinken wie die anderen auch. Wir beendeten die Arbeit um sechzehn Uhr und gingen bis zum Abend in der Stadt spazieren, um gemeinsam mehrere Flaschen Primus zu leeren. Ich trank, weil ich Durst hatte, und ich verfügte über genügend Geld, um bezahlen zu können. Nach vier Jahren Arbeit wurde ich bestraft: Beurlaubung auf unbestimmte Zeit. Der Grund: Alkohol. Das hat mich überrascht, denn die anderen tranken genauso viel, ohne einen Verweis zu erhalten, während ich den Alkohol schon damals sehr gut vertrug. Ich trank, ohne mich zu streiten, ohne jemanden zu schlagen. Auch wenn ich manchmal schwankte, so fiel ich doch niemals um. Am Morgen stand ich frisch und gestärkt wieder auf, um ins Büro zu gehen. Hätte ich protestieren sollen? Nein, ich wusste sehr gut, dass mein Fehler darin bestand, ein Tutsi zu sein. In den Ministerien begegnete man den Tutsi mit immer größerem Misstrauen und lehnte die meisten ab.

Ich ging zurück auf die Parzelle meiner Eltern. Diesmal in die Region Bugesera, unweit von Nyamata. Seit nämlich meine drei Onkel aus der Provinz Gikongoro geflohen waren, hörte mein Vater mit dem Klagen nicht mehr auf: »Das ist nicht gut, die Erde von Gikongoro bietet keine ausreichenden Ernten. Uns fehlt es an allem außer an Drohungen. Ich bin als Einziger aus der Familie hiergeblieben, ich will wegziehen, bevor ich verjagt werde.« Meine beiden Brüder fanden dann einen geeigneten Platz, und wir kauften die Parzelle in Nyiramatuntu, im Gebiet von Kayumba, das zur Kommune Nyamata gehört. Papa machte sich als Pionier mit Hacke und Bündel auf den Weg dorthin.

DAS GELÄNDE LAG MITTEN IN DER WILDNIS. Ein Jahr lang lebte er unter freiem Himmel, da kein Haus vorhanden war. Er riss das Gestrüpp aus dem staubigen Boden, er plante, ein großes Grundstück einzuzäunen. Er bestellte ein Feld und erntete für ein Jahr im Voraus. Er ging zurück, um die Kühe und die wichtigsten Arbeitsgeräte mitzunehmen. Dann holte er Mama und meine beiden kleineren Brüder, die die Sekundarstufe in Kabgayi und Butare besuchten. Ich stieß 1979 zu ihnen. Auch meine Schwester Emérence, die während des Genozids nahe der Kirche getötet wurde, lebte im Haus, außerdem hatten wir einen Hirtenjungen auf der Weide und einen Gehilfen für die Feldarbeit.

Das Klima gefiel uns sofort, weil wir ja aus einer Hochgebirgsregion stammten. Wir hatten sehr gute Milchkühe in der Herde, die uns mehr als zehn Liter pro Tag zum Verkauf lieferten. Auch der Boden warf eine zufriedenstellende Ernte ab. Wir richteten uns ein. Die Menschen in der Nachbarschaft lernten wir rasch kennen und schätzen. Die Leute waren uns gegenüber sehr freundlich. Selbstverständlich half man sich gegenseitig. In der Tat stellte sich heraus, dass die meisten Bewohner auf unseren Hügeln in Nyiramatuntu und gegenüber in Ntarama Tutsi waren. Die Anderen trafen wir selten, ich würde sagen, sie stellten kein größeres Problem dar. Das war der Hauptgrund, warum wir uns gut verstanden. Niemand neidete dem anderen etwas, es gab keine schiefen Blicke. Alle kannten sich und plauderten gerne miteinander, wir mochten uns, anstatt uns zu bedrohen.

In Nyamata war die Zahl der Kneipen früher nicht sonderlich groß. Ich meine, es gab höchstens vier, in denen Primus ausgeschenkt wurde, aber viel mehr, die *Urwagwa* für die Bauern anboten. Man trank auch ein Gemisch aus aufgekochtem Sorghum, das mit Honig destilliert wurde, um den Alkoholgehalt zu erhöhen. Mein erster Eindruck von Nyamata? Ein hübsches Städtchen, auf einer Hochebene gelegen. Die Straßen gingen weder bergauf noch bergab. Die Häuser waren damals noch nicht so solide wie heute, aber der Ort zählte bedeutende Tutsi-Geschäftsleute, eine Grund- und eine Sekundarschule sowie eine Kirche. In einem Jugendzentrum wurden Bücher verliehen. Ein Lastwagen brachte das Bier aus Gisenyi bis hierher. Der Ehemann von Marie-Louise besaß ebenfalls einen Lastwagen, um Waren aus Kigali zu holen. Es gab drei schwere Lastwagen, fünf Kleinlaster und drei oder vier Autos. Zu jener Zeit fuhr man vor allem Fahrrad oder ging zu Fuß. Um nach Kigali zu gelangen, bestieg man eines der drei täglich verkehrenden Dubai-Taxis, der Fahrschein zu hundert Francs.

Unsere Parzelle kennst du. Sie reicht von einem kleinen, auf der Anhöhe gelegenen Eukalyptuswald, der uns gehört, bis hinunter zu den Sümpfen und umfasst etwa drei Hektar. Sie wirft genug ab, wenn sie anständig bewirtschaftet wird. Ich begann wieder mit der Landwirtschaft, zusammen mit den Eltern. Meine Hände wurden vom Zupacken hart, ich habe mich gut daran gewöhnt. Ich begleitete Mama in die Bohnen- und Kartoffelfelder. Ich half Papa bei der Viehzucht und auf der Bananenplantage. Wir besaßen mehr als vierzehn Kühe. Vor allem Milchkühe, denn bei uns mag man das Fleisch der Kühe nicht essen.

Meine Mutter verließ die Felder fast nie, außer wegen der Küchenarbeit und wegen religiöser Pflichten. Sie war eine gute Frau, keine »bonne femme« oder ein Frauenzimmer, wie man etwas herablassend bei euch sagt. Oh! Die Leute liebten sie über alles. Sie gab den Armen zu essen, und den Kindern gab sie Milch. Viele Nachbarn wandten sich an sie, um sie zu bitten, bei Hochzeitsfeiern Krüge mit alkoholischen Getränken anzubieten und damit gewissermaßen das Palaver unter den Familien aufzulockern. In der Gemeinde gab es einen josephistischen Pater, einen Belgier namens Jansen, der zu ihr ins Haus kam und ihr die Sakramente erteilte, wenn sie den Weg durch den Wald nicht gehen konnte, weil ihre Beine zu müde waren. Aber egal, ob in Gikongoro oder in Nyamata, sie verstand sich auf die Arbeiten der Landwirtschaft. Das Jäten, die Aussaat, das Schneiden und all diese Dinge. Wir füllten riesige Körbe, die man *Igitebo* nannte. Die Ernten brachten Wohlstand.

Mein Vater war zweifellos ein hervorragender Bauer und Viehzüchter. Er pflanzte Kaffeesträucher und Bäume, die reichlich Früchte trugen, dazu auch Nahrungsmittel. Unsere Kühe gaben ununterbrochen Milch. Für einen Bauern und Viehzüchter war Papa recht klein, er entwickelte jedoch eine unerschöpfliche Kraft. Noch im Alter von sechzig Jahren legte er das Feld trocken und beaufsichtigte gleichzeitig die Herde weiter unten auf der Wiese. Er konnte zwei Dinge gleichzeitig tun.

Vor allem liebte er diese beiden Tätigkeiten sehr, die Landwirtschaft und die Viehzucht. Man hat ihn sogar dafür ausgezeichnet. Es war der Agro-Ingenieur der Gemeinde Kanzenze, ein gewisser Martin, der Häftling, den du damals im Gefängnis von Rilima getroffen hast, der ihm im Namen des Landwirtschaftsministeriums ein Diplom überreicht hat. Ja, ja, ein Zeugnis, das ihn als vorbildlichen Bauern und Viehzüchter auswies. Sie haben ihn mit einer Schubkarre, einer Hacke und einem Kanister belohnt, glaube ich. Damit die anderen Bauern seinem Beispiel folgen.

Wenn die Bananenplantage genügend abwarf, brauten wir Alkohol. Wir schafften es, vierzehn Kanister auf einmal abzufüllen. Wir riefen die Nachbarn, man versammelte sich unter den Bäumen, um zu plaudern, und man trank – nicht alle natürlich. An den Markttagen konnte ich es nicht lassen, in Nyamata aufzukreuzen. Ich zog Hemd und Hose an und machte mich auf den Weg durch den Wald. Meine Schwester arbeitete bei einem italienischen Padre im Waisenhaus der Gemeinde. Ich brachte ihr Milch – sie mochte Milch sehr gerne –, und wir unterhielten uns.

Etwas später schickten Leute aus dem Wirtschaftsministerium Boten zu mir. Sie schlugen mir einen Job vor. Ich sagte zu. Damals hatte ich die Aussicht, mich zu verheiraten, ich musste unter mehreren Anwärterinnen wählen. Ja, ja. Marie-Louise kennt eine von ihnen, die stammte von ihrem Hügel. Eine Frau von bemerkenswerter Schönheit, sie bestand darauf, mich zum Mann zu nehmen, und ich habe es ihr versprochen. Später vergaß ich, meine Bemühungen fortzusetzen, und sie traf einen Verehrer. Auf diese Weise ist sie mir entgangen.

Bei der Arbeit sollte ich zum Abteilungsleiter aufsteigen. Aber der Minister, ein gewisser Juvénal Uwilingiyimana, gehörte zu jenen Mitschülern, die mich am Institut von Ruhengeri mit ihren Macheten verfolgt hatten. Als er von meiner Einstellung erfuhr, schickte er mir ein Entlassungsschreiben. Der Grund? Völlig grundlos, es kam aus heiterem Himmel. Das Schreiben besagte, dass ich mich von nun an fünf Jahre gedulden müsse, bevor ich mich erneut bewerben könne. Ich war sehr enttäuscht, aber ich konnte nicht protestieren. Obwohl mein großer Bruder Generaldirektor im Postministerium war, nachdem er zuvor als Direktor im Jugendministerium gearbeitet hatte und später ins Planungsministerium gewechselt war, konnte er nichts für mich tun. Die Tutsi mussten sich in den Ministerien zurückhalten. Ich räumte meinen Schreibtisch und kaufte einen Busfahrschein. Auf der Parzelle unserer Familie drückte mir mein Vater wieder die Hacke in die Hand.

Meine Eltern bewirtschafteten das Land, ohne dass es größere Probleme gegeben hätte; sie konnten Missernten ebenso vermeiden wie die Krankheiten des Alters. Die Felder wurden mit der Hacke bestellt, die Bananenplantagen beschnitten, wir pflanzten Obstbäume, wie du sie immer noch um das Haus herum sehen kannst. Wir besaßen fast alles, wohlgenährte Kühe, Kaffeesträucher. Wir brauten Alkohol. Abends hörten wir Theateraufführungen im Radio. Das Leben war gut, es gab keine Armut. Ich habe mich schnell angepasst, es fiel mir noch nicht einmal schwer. Am Morgen begann ich um halb sechs und arbeitete ohne Pause bis halb elf. Dann hörte ich auf und machte sauber. Wenn Nachbarn vorbeikamen, unterhielten wir uns. Wenn ein Bruder einen Besuch im Familienkreis ankündigte, blieb ich zu Hause, wenn nicht, ging ich spazieren.

1990 wurden wir vom Angriff der *Inkotanyi* überrascht, die aus Uganda kamen. Bald darauf wurde mein großer Bruder Narcisse aus seinem Ministerium entlassen, als angeblicher Komplize der *Inkotanyi*. Er wurde inhaftiert, ebenso mein kleiner Bruder Joseph, weil der ihn beherbergt hatte. Beide wurden zum Tode verurteilt. Jedermann wusste, dass Narcisse und Joseph sehr klug waren, vor allem Narcisse. Man sprach darüber, dass Narcisse bei den Prüfungen im Kleinen Seminar besser abgeschnitten hatte als der Chef des Generalstabs, der Generalsekretär im Präsidialamt und selbst als der Chef des Sicherheitsdienstes. Dass er sein Studium der Politischen Ökonomie an der Universität Rennes mit einem Diplom abgeschlossen hatte. Dass er nach seiner Rückkehr aus Frankreich wegen seiner ethnischen Zugehörigkeit nicht zum Minister ernannt worden war, dass ihn aber sämtliche Minister als Generaldirektor anforderten. Ebendeshalb verlangten einige Leute seine Begnadigung. Also brachten sie ihn wenigstens diesmal nicht um. Im Jahr 1992 entließen sie ihn aus dem Gefängnis. Joseph gelang es mithilfe von Freunden, nach Québec zu fliehen, und Narcisse hat keine Arbeit mehr gefunden.

Es geschah um diese Zeit, dass unsere Eltern von uns gingen. Ein mysteriöses Fieber, ähnlich wie Typhus, befällt zuerst Papa. Es ist ein Freitag. Er zittert und blutet aus der Nase. Er legt sich ins Bett, ohne nach seinen Kühen zu sehen. Ich bitte den Hirtenjungen, mir Milch zu bringen. Papa trinkt so gut wie nichts, er schläft ein, als würde er sterben. Am Samstag hole ich Nachbarn, um ihn auf einer Bahre in die Krankenstation zu bringen. Plötzlich scheint es ihm wieder besser zu gehen, er richtet sich auf und weigert sich: »Nein, ich schwitze nicht mehr, ich fühle mich normal, ich werde nach meinen Kühen sehen.« Er mochte es sehr, bei seinen Kühen zu sein. Am Sonntag sehe ich, dass er dem Tod entgegengeht. Er sagt mir: »Kaufe drei Flaschen *Urwagwa*, aber trinke keinen Tropfen davon. Dann hole Marcel und Sylvestre herbei, ich muss mit ihnen sprechen.«

Das waren zwei Männer, die wie er seit Langem auf dem Hügel wohnten. Der Regen hindert mich daran, Sylvestre zu finden, aber ich bringe Marcel ins Haus. Ich gebe ihnen die Flaschen und gehe die Kühe hüten. Als ich wiederkomme, sagt Marcel zu mir: »Du kannst bei deinem Vater Wache halten, er hat aufgehört zu sprechen.« Ich frage ihn, worüber sie sich unterhalten hätten, aber er versucht, mich mit den Tricks alter Leute hinzuhalten. Er sagt mir nur, dass Papa meinem großen Bruder etwas Wichtiges habe anvertrauen wollen. Tatsächlich hatte dessen Verhaftung meinen Vater in tiefe Verzweiflung gestürzt. Das Todesurteil hatte ihn umgeworfen. Als man dann seine Freilassung für den 2. Januar ankündigte, erwartete mein Vater ihn, aber niemand kam, und mein Vater murmelte unablässig: »Er ist mein Ältester, ich werde ihn nicht mehr wiedersehen, das geht nicht, ich muss mit ihm sprechen.« Er wiederholte diese Worte immerfort. Und so raffte ihn ein Fieber innerhalb von zwei Tagen dahin, ohne dass er Narcisse noch einmal gesehen hätte.

Wir begraben ihn, eine Reihe von Tagen verstreicht. Mama verfällt in Traurigkeit, denn sie hat meinen Vater sehr geliebt. Für sie war er noch kein alter Mann. Sie wusste, wie stark er war. Beide unterstützten sich gegenseitig bei der Landarbeit, ohne sich zu streiten wie viele andere auf den Hügeln. Sie erleidet einen fürchterlichen Asthma-Anfall. Sie wird mit dem Kleintransporter in das Krankenhaus nach Kigali gebracht. Da sie kaum noch atmen kann, beauftragt sie Callixte, mich – koste es, was es wolle – herbeizuholen, aber er findet mich nicht. Deshalb erlebte ich ihren letzten Atemzug nicht mehr, und ich blieb als Einziger auf der Parzelle zurück.

Dennoch war ich nicht verzagt. Ich versuchte, zurechtzukommen, so gut ich konnte. Würde ich wohl in der Lage sein, alleine fast drei Hektar Land zu bestellen? Sollte ich mir eine Ehefrau suchen, die mir auf den Feldern helfen würde? Ich schwankte innerlich, ich sehnte mich nicht gerade nach einer bäuerlichen Familie mit Kindern. Ich zögerte.

Auf jeden Fall versorgte ich die Kühe gut. Um halb sechs brachte ich sie zum Grasen auf die Weide. Ich trieb sie zum Trinken an die Salzwasserbrunnen. Die Kühe mögen das gerne. Bei uns in der Nähe gibt es einen solchen Brunnen. Im ganzen Land sucht man nach Salzwasserbrunnen für die Kühe, selbst aus entfernten Gegenden kommen Viehzüchter hierher, um ihre Kühe zu tränken, weil dieses Wasser die Milchproduktion fördert und die Widerstandskraft stärkt. Vom Brunnen trieb ich die Kühe zum Gehege, damit sie sich während der Hitze ausruhen konnten. Ich bereitete mir selbst die Mahlzeiten zu, denn ich konnte ja nicht nur Alkohol trinken und schlafen. Um drei Uhr kehrten wir auf die Weide zurück, und gegen halb sechs oder sechs Uhr kamen die Kühe zur Nacht wieder in das Gehege. So machten wir das damals. Heute zäunt man die Herden den ganzen Tag ein und setzt ihnen ein Bündel Futter und einen Eimer mit gewöhnlichem Wasser vor das Maul. Das ist deprimierend.

Vor fast tausend Jahren sind unsere Kühe mit ihrem Höcker und ihren Hörnern aus Abessinien hierher gekommen. Auf Felszeichnungen kann man sie umherziehen sehen, man zählte Herden von fünftausend Kühen in den Tälern, und heute bindet man sie an einen Pflock, um ihren Dung aufzusammeln. Das sind die modernen Zeiten. Die Lage der Viehzüchter ist schwierig geworden. Ich treffe sie in der Kneipe, sie murren und sind unzufrieden, sie trauern der Tradition nach, die ihnen Sicherheit gab. Man verweigert ihnen die Gemeindeweiden, sie können sich kein Futtermehl leisten, um sich herum sehen sie nur friesische Kühe oder schwächliche Jersey-Rinder ohne Hörner, die das Buschgras nicht verdauen können. Auch mich schmerzt das, obwohl ich die Viehzucht inzwischen aufgegeben habe.

Wie dem auch sei, ich melkte sie morgens und abends. Ich wusch die Melkeimer aus. Weil ich Milch nicht besonders mag, verkaufte ich sie. Von dem Geld besorgte ich alkoholische Getränke. Ich besuchte meine Schwester, oder sie fand den Weg zu mir. Sie hieß Emérence Mukarwego, sie war jünger als ich. Bei jedem Besuch nahm sie erst einmal Platz, um Milch zu trinken. Sie hatte so großen Appetit darauf, dass wir allein für sie eine Kuh in der Herde hielten. Bis zum Vorabend des Genozids hat sie mich darum gebeten. Das war der Vorabend ihres eigenen Todes.

DER NÄCHSTE TAG ALSO war der 11. April 1994. Ich hielt mich auf unserem Grundstück auf und sah nach einer Kuh, die kalbte. Ich hörte die Nachbarn rufen: »Die *Interahamwe*, diesmal kommen sie hierher, sie schwingen die Macheten, wir haben sie in Nyamata gesehen, lasst uns in die Pfarrei von Ntarama fliehen.« Schon bald drang von Ferne der Lärm von Lastwagen und Gesängen an unsere Ohren. Ich wartete die Nacht ab, ich lief den Kühen nach und trieb sie im Galopp ins Tal hinab. Wir durchquerten die Felder, wir kletterten durch die Bananenplantagen auf den Hügel von Ntarama. Wir ließen uns nahe der Kirche nieder.

Am Morgen eilten Leute herbei und schrien: »Sie kreisen die Kirche von allen Seiten ein, rennen wir zum Fluss!« Eine Abteilung Hutu näherte sich schreiend und singend. Manche pfiffen auch laut. Ich stieß die Kühe weg, hetzte den Flüchtenden nach, hinunter zum Flusslauf des Nyabarongo. Ich ließ mich bis zu den Schultern in den Schlamm einsinken, deckte mich mit Papyrusblättern zu, um mich zu verbergen. Natürlich musste ich die Kühe am Ufer zurücklassen, so habe ich sie für immer verloren. Ohne mich zu bewegen, wartete ich unter den Blättern ab. Der Lärm hörte auf, in der Stille der Nacht kehrte ich auf die Parzelle zurück. Ich betrat das Haus, ohne die Tür zu öffnen – es gab keine Tür mehr. Die Mörder hatten auch die Fenster und das Blechdach abmontiert und alles mitgenommen, selbst den Jungstier aus der Umzäunung.

Ich grub in der Erde, um Maniok zu essen, ich verbrachte die Nacht im Regen. Bevor es hell wurde, kehrte ich in den Busch zurück, um ein Versteck zu suchen. Wir verhielten uns still. Die Mörder kamen in einer singenden Kolonne, sie durchsuchten das Unterholz den ganzen Tag lang. Wenn sie einige Unglückliche überraschten, schrien sie: »Kakerlaken, hierher, schnell!«, und ihre Kameraden kamen angerannt. Sie schwangen die Macheten bis zur völligen Erschöpfung, sie zerstückelten alle, die ihnen in die Hände fielen. Das Wasser der Sümpfe färbte sich rot. Es gab eine große Zahl von Toten, weil die Leute sich noch nicht an diese neue Lebensweise gewöhnt hatten, wenn ich das so sagen darf.

Die Massaker in Nyamata dauerten exakt vom 11. April um elf Uhr bis zum 14. Mai um vierzehn Uhr. Sie wiederholten sich jeden Tag, auch am Sonntag, von acht Uhr bis fünfzehn Uhr, ohne Ausnahme. Die Mörder waren mit diesem Stundenplan zufrieden. Sie zogen ab, ohne zu singen, sie hielten sich nachmittags nicht lange auf, denn sie fürchteten einen Hinterhalt während der Nacht. Übrigens überraschten wir einmal ganz in meiner Nähe einen, der alleine zurückgeblieben war. Wir haben ihn getötet. Mit der Machete? Nein, die hatten wir zurückgelassen, weil wir uns zu geschwächt fühlten, um sie in den Sümpfen zu gebrauchen. Wir töteten ihn mit dem, was wir gerade fanden.

Manchmal, wenn es regnete, fühlten sich die Totschläger sichtlich träge, sie begannen erst um neun oder zehn Uhr. Abends teilten sie das geplünderte Gut unter sich auf. Sie aßen das Fleisch unserer Kühe und tranken Primus, um sich auf die Arbeit des kommenden Tages vorzubereiten.

Unten war ein kleiner Flusslauf. Am dritten Tag suchten wir dort Zuflucht. Sie entdeckten uns und setzten uns nach, dabei stießen sie fröhliche Schreie aus. Atemlos rannten wir bis zum Akabagore-See. Der Lärm der Mörder kam näher. Wir waren darauf gefasst, umgebracht zu werden, wir stürzten ans Ufer. Trotzdem zögerten wir. Jemand wollte vorangehen und ein Beispiel geben. Es war natürlich ein alter Mann, er warf sich in das schlammige Wasser. Eine Frau tat es ihm nach, ohne ein Wort zu sagen. Alle waren bereit zu ertrinken, nur um den eisernen Klingen der Macheten zu entgehen. Plötzlich umgab uns Stille. Wir wussten nicht, warum. Waren die Mörder etwa zu müde, um uns nachzulaufen? Hatten sie schon genügend Opfer abgeschlachtet? Wir waren für einen weiteren Tag gerettet, am Ufer des Sees, und blickten auf die Stelle, wo jene beiden Unglücklichen vor unseren Augen gerade verschwunden waren.

Bis zum letzten Tag war ich zusammen mit drei Nachbarn auf der Flucht: mit einem gewissen Léodomir Ugirashebuya, einem Nachbarn namens Alexis Ndamage und dessen Sohn Wilfrid. Wir blieben zu viert und haben als Gruppe überlebt. So ist es geschehen. Die Mörder kamen am Morgen. Aber vor ihrer Ankunft, wenn es noch Nacht war, machten wir uns daran, in den Busch oder in die Sümpfe zu gehen. Wir suchten ein Versteck aus dichtem Blattwerk, umgeben von Moskitos aller Art. Die Anderen kündigten sich durch Gesänge und Pfiffe an, sie marschierten. Den ganzen Tag über durchsuchten sie den Busch, um so viele von uns zu finden, wie sie nur konnten. Ich hörte, wie sie schrien: »Es nützt nichts, euch zu verstecken, unsere Plage hat ein Ende, wir werden euch bis auf den letzten Mann niedermachen.« Sie liefen in die Runde, sie gestikulierten mit den Macheten oder mit Knüppeln. Es herrschte großes Getöse. Wenn die unglücklichen Opfer einen kleinen Aufschub erflehten, um zu beten und als Christen sterben zu können, verweigerten die Mörder ihnen dies. Wenn die Unsrigen darum baten, durch einen einzigen tödlichen Hieb und außerhalb des Schlamms zu sterben, schlugen sie sofort erbarmungslos zu. Es gefiel ihnen, sie nicht wie Geschöpfe Gottes zu erschlagen. Sie metzelten sie nieder. Es waren Teufel in Menschengestalt, wenn ich so sagen darf, denn der Teufel ist die Grausamkeit in Person.

Während der ersten Wochen zogen wir uns in den Busch zurück, wo wir weniger schmutzig wurden. Später war dort alles verwüstet, man stolperte über herumliegende Leichen, wir hatten Mühe, ein brauchbares Versteck zu finden, und deshalb brachten wir die letzte Zeit in den Sümpfen zu. Wir kamen gegen sechzehn Uhr aus dem Wasser hervor, wenn wir die Schreie der Mörder nicht mehr hörten. Für die Toten konnten wir nichts mehr tun, wir konnten sie noch nicht einmal in trockener Erde begraben. Wenn wir auf Sterbende trafen, kam es vor, dass wir anhielten, um ihnen Trost zuzusprechen oder ihre Abschiedsworte anzuhören. Wohlmeinende Menschen knieten an ihrer Seite nieder, rezitierten Psalmen und Litaneien, damit die Verstorbenen im Himmel besser aufgenommen würden. Doch oft gingen wir auch einfach vorüber.

Wir stiegen zu den Parzellen hinauf und verbrachten dort gemeinsam die Nacht. Man beherbergte einander, um nicht allein zu bleiben. Wir teilten uns auf, gruben nach Maniok oder Süßkartoffeln, was man gerade fand. Natürlich auch

Bananen, denn es war die Zeit des Jahres für Bananen. Zumeist sammelten wir uns zu mehreren in meinem Haus, weil mein Vater es auf erhöhtem Gelände erbaut hatte. Von dort oben aus konnte man der Gefahr nächtlicher Überfälle besser begegnen, denn wir mussten ja mit ihrer List rechnen. Obwohl die Mordaktionen normalerweise erst gegen acht Uhr einsetzten, blieben wir wachsam.

Wir machten Feuer und bereiteten einen Kessel mit Essen zu. Wir aßen nichts Gesalzenes mehr, aber trotzdem kochten wir. Ich selbst verstehe nichts von der Nahrungszubereitung, doch man ließ mich nicht außen vor. Wir aßen alle gemeinsam aus dem Kochtopf. Es gab immer welche, die genügend Kraft aufbrachten, um jene zu entlasten, die allzu geschwächt von dem schrecklichen Tag zurückkehrten. Wir stritten uns niemals. Wir besprachen überhaupt nichts. Worüber hätten wir reden sollen? Über den Hass der Anderen? Wir waren viel zu beschäftigt, um uns dafür zu interessieren. Über den Tod? Wir waren darauf gefasst, am nächsten Tag getötet zu werden, wir erwarteten den Tod zu jeder Zeit, mehr gab es dazu nicht zu sagen. Wir sangen auch nicht. Kann man Kirchengesänge anstimmen, wenn man an geschärfte Klingen aus Eisen denkt? Nein, keine Lieder, danach war uns nicht zumute. Wenn wir beteten, dann jeder für sich.

Zum Schlafen breiteten wir Matten aus, oder wir schliefen auf der Erde, weil sie die weichen Matratzen geraubt hatten. Wir legten uns zusammen. Zärtlichkeiten? Das konnte sich niemand vorstellen. Wir hörten kein Radio mehr, weil sie die Apparate gestohlen hatten. Ob sich die Leute vielleicht ihre Kindheitserinnerungen erzählten? Nein, nein, es war nicht der richtige Moment, um sich wichtige Augenblicke aus seinem Leben oder erinnerungswürdige Geschichten zu erzählen. Ich wiederhole es noch einmal, man hat sich gesagt: Heute lebe ich, morgen werde ich tot sein. Wir nahmen uns nicht mehr die Zeit für irgendwelche Gespräche.

Wir entlausten uns, ja, das taten wir. Wir kratzten uns die schorfige Haut, und wir fühlten uns so schlecht, dass wir uns nicht daran erinnern mochten, wer wir einmal gewesen waren. Man dachte nur an den kommenden Tag; daran, wer im Laufe des vergangenen Tages getötet worden war, ob man mit der Machete oder mit dem Knüppel getötet werden würde. Man träumte nichts, man kauerte sich zusammen, man schlief. Man wartete auf den Schrei der Hähne, aber die waren alle verspeist. Es gab keine Uhr. Wer zuerst aufwachte, stieß die anderen an, manchmal täuschten wir uns und brachen um drei Uhr morgens auf. Wer schnell etwas herunterschlingen konnte, der stärkte sich für den Tag. Wir brachen zusammen mit Leuten auf, die wir am selben Abend tot auffinden würden. Verlor jemand den Mut, dann stärkten wir ihn. Wenn wir rennen mussten, führten uns die Schnellsten. Das war gegenseitige Hilfe.

Sobald wir in den Sümpfen ankamen, versteckten die Mütter ihre Kleinsten weit hinten zwischen den Papyrusbäumen. Sie bedeckten sie mit Blättern und Schlamm und sagten ihnen, wie sie sich verhalten sollten. Ihr Versteck musste jeden Morgen gewechselt werden, um die Anderen zu überlisten, vor allem, wenn Fußabdrücke im getrockneten Schlamm zurückgeblieben waren. Wir versteckten diejenigen Kinder, die keine Eltern mehr hatten. Ich achtete darauf, mich nicht in ihrer Nähe zu verbergen. Das wäre zu gefährlich gewesen. Sie konnten wegen des Schlamms jeden Augenblick zu weinen anfangen. Ich hielt mich abseits, ich suchte einsame Verstecke.

EINES MORGENS WAR ICH mit Alexis zusammen. Wir hatten zwei Kinder unter dem Blattwerk verborgen und waren auf der Suche nach unserem Schlammloch. Die Schlächter kamen singend heran. Sie marschierten in unsere Richtung, sie näherten sich uns, ich konnte ihren Geruch wahrnehmen. Ich flüsterte Alexis zu: »Diesmal sind wir bald tot.« Er antwortete mir: »Beweg dich nicht, ich werde sie täuschen.« Er stieß das Lachen der Hyäne aus. Er ahmte es sehr gut nach. Aus Angst, gebissen zu werden, wichen sie zurück. Doch da sie auf diese Weise von ihrem Weg abgekommen waren, entdeckten sie ein Versteck von Frauen und Kindern. Wir hörten nur die Hiebe, kaum ein Weinen, denn die Unglücklichen zogen es vor, schweigend zu sterben. Als ich später herauskam, sah ich die Ansammlung von Leichen, fast zwanzig. Eine Frau flüsterte: »Gib mir Wasser, das ist das Einzige, worum ich dich bitte.« Ich rief Alexis herbei. Wir tröpfelten ihr Wasser zwischen die Lippen. Doch dann wurde Alexis ungehalten: »Sehen wir nicht jeden Tag genug Tote? Werden wir nicht ebenfalls sterben? Sollen wir hier bis zu ihrem letzten Atemzug warten?« Und so haben wir sie alleingelassen.

Sobald die Mörderkolonnen zu den Hügeln aufbrachen, erhoben sich die, die noch nicht tot waren. Die, die Verletzungen hatten, streckten sich einfach auf dem Gras aus und warteten darauf, dass der Tod auch an ihnen vorüberkam. Manchmal verfehlte er sie. Kennst du Chantal, die Frau, die in der Nähe unseres Bezirks wohnt? Sie war meine engste Nachbarin in Nyiramatuntu. Sie schlugen sie nicht gänzlich tot. Aber sie schlugen derart auf sie ein, auf den Kopf, den Hals, den Körper, dass sie dachten, es würde genügen, damit sie langsam stirbt. Ihre eiternden Wunden rochen übel. Sie stieß Abschiedsseufzer aus, ohne zu klagen. Sie stöhnte tagelang, bis die Massaker ein Ende nahmen. Sie hat überlebt. Man sieht, dass sie noch heute schwer an den Folgeschäden leidet, aber sie hat mehr als zehn Kinder zur Welt gebracht.

Idelphonse, der Krankenpfleger der Behandlungsstation, wurde von ihnen in der Nähe des Hauses liegengelassen, die Beine von Macheten gebrochen. Wir konnten ihn nicht in das Versteck transportieren. Jeden Morgen besorgten wir ihm eine kleine Stärkung für den Tag. Wir sagten ihm »Auf Wiedersehen«. Als die Anderen an ihm vorbeikamen, machten sie sich über ihn lustig und überschütteten ihn mit Spott wegen seines nahen Todes. Abends erzählte uns Idelphonse kurz vom Vorüberziehen der Mörder. Auf diese Weise hat er seine Agonie noch verlängert, doch schließlich überließ er sich dem Tod.

Wenn wir unsere Schlammlöcher verließen, stießen wir auf zahlreiche verwesende Leichen, nackte Körper, denn mit dem Leben wurden ihnen auch die Kleider genommen. Wir sahen Säuglinge, die sie gegen Bäume geschleudert hatten. Unsere Augen waren tränennass, das kann ich dir versichern. Selbst die wilden Tiere weigerten sich, dies mit anzusehen. Niemals begegneten wir einem Wildschwein, einer Antilope oder einer Zwergmeerkatze. Auch den Schrei der Sumpfvögel hörten wir nicht. Niemand hat jemals eine Schlange entdeckt. Ich glaube, die Tiere hatten sich auf das andere Ufer des Nyabarongo geflüchtet, weil sie vom Getöse und vom Blut im Wasser angewidert waren.

Die Regennächte nutzten wir, um uns mit Bananenblättern abzureiben, wir versuchten, uns ein wenig vom Schmutz zu befreien. Gegen die Läuse war nichts zu machen. Wir versammelten uns um das Feuer, um aus dem heißen Topf zu essen. Man sprach niemals die Lage an, in der wir uns befanden. Man zählte die Toten des Tages auf. Man sagte: »Der da, den habe ich gehört, er wurde also gefunden. Die ist nicht zurückgekommen, sie wurde zerhackt.« Niemand war da, um ein paar Trostworte zu sprechen. Man beschrieb sich die Leichen, die man gesehen hatte, und wie sie zerstückelt worden waren. Wir zogen Bilanz, wer von uns im Laufe des Tages vom Unglück ereilt worden war. Es war eintönig. Wir litten unter Wurmbefall und Durchfallerkrankungen. Nach Sonnenuntergang stachen uns die Moskitos bis zum Morgengrauen. Es war April, es herrschte Regenzeit, und unsere Körper waren von roten Flecken übersät. Aber am hartnäckigsten waren die Läuse, sie kannten weder Tag noch Nacht.

Es gab Leute, die sagten: »Ich bin zu müde. Morgen stehe ich nicht auf, diesmal weiche ich der Machete nicht aus, wozu soll das noch gut sein?« Offen gestanden, ich gehörte zu diesen Leuten. Die Angst drückte mich nieder. Außerdem wurde ich in der letzten Woche den Durchfall nicht mehr los. Ich fühlte mich mutlos, ich gab mich auf. Ich blieb hinter den Übrigen zurück. Ich begann, mit bloßen Händen Rohes zu essen. Man trug immer dieselbe Hose, ohne Unterhose. Die Frauen bedeckten ihre Scham mit zerrissenen Tüchern. Und doch fand man jeden Abend einen Kollegen, an den man sich anlehnen konnte. Auf diese Weise habe ich durchgehalten.

Sobald ich mein Versteck für den Tag gefunden hatte, begann ich zu beten. Schweigend, aus dem Innersten meiner Seele. Am Ende wurde ich erhört. Ich erhielt von meinem Vater den Namen dessen, »der den Blick auf sich zieht«, doch in den Sümpfen hat mich niemand gesehen. Warum hat Gott mich auserwählt, nicht zu sterben, obwohl ich sicher war zu sterben? Habe ich etwa besser gebetet als andere? Nein, bestimmt nicht, da bin ich sicher, ich konnte die Bibelverse nicht einmal mehr ordentlich aufsagen, ich stammelte sie nur. Habe ich überhaupt noch verstanden, was ich betete? Es war der Zufall, der mich auserwählt hat, bloßes Glück hat mich gerettet. Gleichwohl danke ich Gott nunmehr jeden Morgen. Wofür, weiß ich nicht. Wenn ich aufstehe, sage ich mein Gebetbuch ehrlichen Herzens auf. Ich kann es auswendig.

Woran ich den ganzen Tag im Schlamm gedacht habe? Habe ich überhaupt gedacht? Eins ist sicher, ich dämmerte nicht vor mich hin. So etwas wäre sträflicher Leichtsinn gewesen. Anfangs dachte ich an meine Schwester in Nyamata. Hatte sie sich retten können? War sie den Kindern aus dem Waisenhaus gefolgt? Könnte ich sie wiederfinden, um mich mit ihr zusammen zu verstecken? Und meine Brüder, hatten sie sich nach Kigali abgesetzt? Waren sie getötet worden? Später hörte ich damit auf. Ich glaube, ich fand nichts mehr zum Nachdenken. Wozu auch? Ich versteckte mich im Busch, ich tauchte bis zum Kopf in den Schlamm, ich dachte weder an Sauberkeit noch an gutes Benehmen. Ich wartete nicht mehr auf neue Nachrichten. Man sorgte sich nicht mehr um Verwandte oder Bekannte. Man dachte an gar nichts mehr, man war noch nicht einmal mehr ein »Edler Wilder«.

Unter dem Blattwerk habe ich niemals jemanden angeblickt, niemals gewagt, die Augen auf ein Gesicht zu richten. Ob man sich gedemütigt fühlte? Immerhin wussten wir, dass es am nächsten Tag an uns sein könnte, von Macheten zerteilt zu werden, dass wir nicht wie menschliche Wesen sterben würden. Aber ist das eine Demütigung? Ich glaube nicht, dass man das sagen kann. Ich sah mich wie ein Tier sterben. Aber gedemütigt, nein. Ich hatte panische Angst, ich fürchtete, wie so viele andere auch, den Schmerz durch die eisernen Klingen, ich wollte einfach nicht in Stücke geschlagen werden.

ALS DIE INKOTANYI an jenem berühmten 14. Mai unsere Hügel befreiten, fanden sie niemanden vor, der ihnen zugejubelt hätte. Nachdem wir die ersten Gewehrschüsse gehört hatten, flüchteten wir in die tiefsten Tiefen des Papyrus-Sumpfes, unter das Blattwerk der *Urunfunzo*. Dennoch wussten sie, dass Menschen in den Sümpfen überlebt hatten. Sie stiegen bis zum Rand des Sumpfes herunter, sie ermutigten uns, herauszukommen. Nichts bewegte sich. Sie schimpften, sie schickten Jungen bis zu den Schultern in den Schlamm, die uns gut zureden sollten. Niemand glaubte den Jungen, niemand kam unter dem Papyrus hervor. Im Grunde konnte man sich nicht mehr vorstellen, dass es Leute geben sollte, die uns retten wollten.

Als wir endlich wie schlammbedeckte Gespenster an das Ufer zurückkrochen, waren die Soldaten entsetzt. Unser Erscheinungsbild machte sie betroffen. Wir waren beinahe so geschwächt wie Sterbende und verdreckter als Wildschweine, mit zerrissenen Tüchern, von Schorf überzogen ... Am schlimmsten waren die Läuse, denn wir hatten vier Wochen lang weder Kleidung noch Unterwäsche gewechselt. Ich würde nicht sagen, dass die Soldaten angeekelt waren, aber doch peinlich berührt. Man sah, dass sie zögerten, uns überhaupt wahrzunehmen. Sie mochten sich fragen, was uns wohl bei unserem Gestank noch an Menschlichem geblieben war. Doch es zeigte sich, dass sie uns wohlgesinnt waren. Sie machten uns deutlich, dass sie es gut meinten, jedenfalls sahen sie uns freundlich an. Man hat dir keine Lügen erzählt: Unter ihnen gab es einige, die sich in Habachtstellung mit ihren Waffen aufreihten, obwohl sie keine Uniformen trugen. Es gab welche, wie soll ich sagen, die uns im Flüsterton mit Worten zu beruhigen suchten, aus Angst, uns zu erschrecken. Sie hörten uns sehr aufmerksam zu. Rettungskräfte versorgten die Schwerverletzten mit Erster Hilfe. Ich weiß nicht, woher sie die Hosen für diejenigen nahmen, die keine besaßen. Sie sammelten uns auf einer Ebene und bewachten uns. Aber ich kenne Überlebende, die noch zwei oder mehr Wochen in ihrem Versteck blieben, ob es im Busch oder in den Sümpfen war.

Wir verbrachten die Nacht, ohne irgendetwas zu erwarten. Wir wussten nur, dass wir nicht mehr bedroht waren. Uns wurde gebratenes Fleisch angeboten, man erwies uns manche Gefälligkeit, und wir versuchten, es uns bequem zu machen. Bei Tagesanbruch legten wir die Schwerkranken, die mit Lastwagen transportiert werden sollten, unter die Bäume. Wir wurden im Tross nach Nyamata geführt. Wir marschierten langsam, weil uns niemand mehr zu rennen zwang. Die Hauptstraße bot einen mehr als traurigen Anblick. Die Häuser zerstört und abgebrannt. Kein Blech mehr auf den Dächern, das Gebälk rußgeschwärzt, die Türen eingeschlagen oder weggetragen. Schmutz und Unrat überall. Es herrschte Chaos, außer Hungernden und Soldaten war niemand auf den Straßen.

Die Gemeindebehörden rieten uns, zu essen, was wir auftreiben konnten. Wir schleppten Säcke mit Bohnen heran, die die Anderen nicht fortgebracht hatten, wir räumten die Geschäfte leer, wir durchwühlten die Felder. Die Kräftigsten unter uns rannten den herumirrenden Kühen oder

Ziegen nach und bereiteten Fleischspieße zu. Man schlug sich durch. Man streifte umher, man richtete sich ein. Ob wir uns genierten, so weit herabgesunken zu sein? Nein, nein, wir dachten nicht darüber nach. Wir durchsuchten die Wohnungen, zogen passende Bekleidung an, die wir aus den dort liegenden Koffern nahmen. Man schlief unter einem Dach oder ohne Dach, man zog jeden Abend um, zusammen mit Leuten, die einem gerade begegnet waren. Es gab niemanden, der uns empfangen, niemanden, der uns zurechtgewiesen hätte. Wer immer zufällig eine Flasche Alkohol fand, teilte sie heimlich mit Bekannten. Wir taumelten im Zickzack hin und her. Wir waren noch nicht überrascht, dass wir überlebt hatten. Wir freuten uns nicht über unsere Befreiung, wir tranken ganz einfach so viel wie nur möglich. Wir tranken, was wir gerade fanden.

Trotzdem erhob ich mich jeden Morgen um halb sechs. Wenn der Durchfall aus den Sümpfen mir eine kleine Pause gönnte, suchte ich nach einem Getränk. Während des Tages holte ich Informationen ein. Ich scherte mich nicht um die anhaltenden Kämpfe und den Exodus der Flüchtlinge. Ich war auf der Suche nach Hinweisen, die meine Familie betrafen. Das ließ mir keine Ruhe. Von Leuten auf der Durchreise erhielt ich dann Auskunft.

Als das Morden in Kigali begann, war mein großer Bruder Narcisse mit seinem Sohn Oreste zur nahegelegenen dortigen Bruderschaft der Josephisten geflüchtet. Man lieh ihm eine Soutane, um sich zu verkleiden. Da aber das Kind keine Soutane überziehen konnte, versteckte er es unter dem Auto. Die *Interahamwe*-Leute kamen und machten es ausfindig. Es fing unter den Schlägen an zu schreien. Mein Bruder kam heraus, um ihm zu helfen, so erkannten sie ihn und zerstückelten ihn wie seinen Sohn mit der Machete.

Meine Schwester Emérence wurde gleich am ersten Tag zusammen mit den Tutsi-Händlern von Nyamata getötet. Sie wohnte im Waisenhaus von Pater Minghetti. Dieser war nicht mit den anderen *Muzungu*, den Weißen, auf die Panzer der UNAMIR geklettert. Die *Interahamwe* klopfte an seine Tür und verlangte den Personalausweis meiner Schwester. Der Padre bot Geld an, um ihre Begnadigung zu erkaufen. Die Männer der *Interahamwe* nahmen das Geld und meine Schwester, sie töteten sie auf der Stelle mit der Machete. Meinen jüngeren Bruder Callixte ließen sie im Landwirtschaftsministerium, wo er als Statistiker arbeitete, einige Tage in Ruhe, dann wurde auch er massakriert. Die Machete traf auch sämtliche Onkel väterlicherseits, deren Kinder und die Tante, die die Parzelle meiner Familie in Gikongoro weiter bestellt hatte. Das ist, was ich in Erfahrung bringen konnte.

Man schlug mir vor, einen Job in Kigali zu suchen. Es hieß, dass die Ministerien Leute mit Diplom suchten. Ich würde einen angenehmen Posten finden, ohne ethnische Streitereien, da die Anderen in den Kongo geflohen waren. Aber diese Aussicht gefiel mir trotzdem nicht. Ich dachte: Mein großer Bruder ist tot, er war Generaldirektor, soll ich ihn etwa ersetzen? Mein kleiner Bruder Callixte ist gestorben, er war Statistiker, soll ich von nun an Statistiken auswerten? Werde ich im Büro derjenigen sitzen, die mit der Machete zerteilt wurden? Soll ich nun Pläne aufstellen und Projekte leiten? Das bereitete mir Qualen.

Ich wusste nicht, wo ich die Kraft hernehmen sollte. Ich kann sagen, dass ich mich traumatisiert fühlte. Meine Brüder und meine Schwester waren tot. Alles zu verlassen, um ein neues Leben in Kigali zu beginnen, ohne irgendjemanden, der mich unterstützen würde? Das gefiel mir wirklich nicht. Ich habe dann ein Bewerbungsformular für World Vision in Nyamata ausgefüllt, aber die Gespräche führten zu nichts. Man zeigte mir eine Grundschule in Kanazi, wo ich die vierte Klasse unterrichten sollte. Von Nyamata bis nach Kanazi sind es zehn Kilometer. Sollte ich diese Strecke zu Fuß laufen, nach den Massakern? Das Gehalt war nicht höher als achttausend Francs im Monat, dafür bekommt man kaum zwei Flaschen Primus am Tag.

Eines Tages bin ich aus Nyamata weggegangen, ich lief durch den Wald von Kayenzi in Richtung Nyiramatuntu, bis zu unserer Parzelle.

ES WAR EIN AFRIKANISCHER DSCHUNGEL, wie früher. Siehst du den Weg, der von den Felsen aus dorthin führt? Man sah nichts als Buschwerk. Der Hügel war wieder in Wildnis verwandelt, eine Art Wald, obwohl die Pflanzen nicht besonders hoch wuchsen. Ich kam an eingestürzten Häusern vorbei. Niemand war auf den Feldern, es gab keine Bohnen, keine einzige Kuh, alle Nachbarn waren ermordet oder geflohen. Im Haus meiner Familie fehlten die Türen und Fenster. Dichtes Gebüsch hatte mittlerweile die früheren Äcker überzogen. Die Bananenstauden, sofern nicht zerbrochen, waren ausgetrocknet. Staub bedeckte alles. Ich schlief in einem Bett aus Zweigen unter zwei Blechen, um mich gegen den Regen zu schützen.

Ich riss die Sträucher aus, aber der Ackerbau sagte mir nicht mehr zu. Keine Verwandten mehr, die mich bei der Arbeit begleiteten, keine Ehefrau, die mich unterstützte. Im Angesicht der fast drei Hektar Land brach meine Psyche zusammen. Ich hatte die Kühe verloren, keine Milch zum Verkaufen mehr, mir fehlte das Geld, um einen landwirtschaftlichen Gehilfen zu bezahlen. Frühmorgens um halb sechs stand ich mit elendem Gefühl auf. Nach der Morgentoilette besorgte ich, so gut ich konnte, ein wenig Nahrung aus dem Garten. Ich schälte Kartoffeln und Mais, warf alles in einen Topf. Bohnen kochte ich nicht mehr, weil das über dem Feuer zu lange dauerte. Ich aß und schlief.

Seit unserer Rettung war ich, offen gestanden, in keinem guten Zustand mehr. Ich hatte meine Familie verloren, keine Nachkommen, die Savanne überwucherte die Parzellen der Umgebung. Gegenseitige Hilfe? Unnötig, daran zu denken. Keine Bekannten mehr, diejenigen, die nicht umgebracht worden waren, hatten die Gegend verlassen. Überall nur Abwesenheit. Niemand, mit dem ich mich hätte verständigen können. Ich betrachtete die auf dem Weg vorüberziehenden Schemen, als ob sie mich bedrohten, ich fürchtete die Schatten zwischen den Bäumen. Ich fühlte mich vollkommen einsam, von der Einsamkeit bedrängt, würde ich sagen. Ich lebte auf der Parzelle wie ein Fremder, wie ein Wilder, um genauer zu sein. Ich trank Alkohol, aber ich konnte nicht allzu viel davon auftreiben.

Zufällig jedoch wohnte eine Frau, die auch überlebt hatte, nicht weit weg, oberhalb des kleinen Waldes, den mein Vater mit meinen Brüdern und mir gepflanzt hatte. Sie hieß Marciana, sie bestellte das Feld allein, weil ihr Mann im Busch getötet worden war. Wir kannten uns seit Langem. Sie war nett und mochte mich sehr. Wenn die Dinge mir über den Kopf wuchsen, ging ich zu ihr hinauf. Wir rauchten Pfeife und unterhielten uns. Wir fragten uns zuweilen, warum wir da waren und die anderen nicht, wir schauten auf den Hügel hinaus. Manchmal gab sie mir Essen mit.

Ich schluderte bei der Landwirtschaft, die lebenswichtige Gartenarbeit gab ich ganz auf. Ich fing an, wieder nach Nyamata zu gehen. Das waren sechs Kilometer quer durch den Wald, den ich morgens mit ungeduldigen Schritten hinter mir ließ. Ich betrat die Kneipen, um den Trinkhalm für das *Urwagwa* zu ergattern. Wenn man mir etwas zusteckte, kaufte ich ein Primus. Das Primus, das war es, was meinen Durst löschte, ich war ständig auf der Suche danach. Es gibt

Leute, die behaupten, dass zu viel Primus zu Amöbeninfektionen führt, aber ich litt niemals unter Bauchschmerzen. Wirklich, Primus ist mir nie schlecht bekommen, es tat mir gut. Ich lief durch die Straßen, ich redete hauptsächlich mit mir selbst oder mit Leuten, denen ich begegnete. Ich nahm alle Getränke zu mir, die ich bekommen konnte, vor allem Sorghumbier, das fast nichts kostet. Der Genozid hatte meine Psyche so verändert, dass ich nicht mehr widerstehen konnte. Ich trieb kein Geld mehr auf, ich hatte keine Arbeit und kein Ansehen mehr. Ich habe das Blech vom Dach des Hauses meiner Familie verkauft, um den Alkohol zu finanzieren.

Das war die Zeit, in der wir uns begegnet sind. Du gingst die Hauptstraße nahe des Marktes entlang. Ja, ich erinnere mich. Ich habe dich gefragt: »Sie, mein Herr, Sie sprechen ein schlechtes Französisch, kommen Sie etwa aus Paris? Weil ich nämlich für Marseille bin.« Du hast mich gefragt, warum. Ich habe dir geantwortet, ich hätte im Radio einmal einen Minister mit Namen Gaston Defferre gehört, der ein sehr amüsantes Französisch sprach. Du hast dich interessiert gezeigt. Ich war nicht gerade vorzeigbar, in Lumpen gekleidet, dreckig, ich weiß noch nicht einmal, ob ich zwei gleiche Schuhe an den Füßen trug. Aber wir haben uns gut unterhalten, über Baudelaire, über Kühe, über Olympique Marseille und alles Mögliche. Ich war sehr zufrieden, wir haben viel gelacht. Ein Fremder, das macht doch neugierig. Wir haben uns im Lokal von Marie-Louise wiedergetroffen. Wir haben zusammen getrunken. Ob es damals riskant war, sich mit einem Franzosen zu unterhalten? Nein, nein. Selbst wenn man nicht vergessen kann, dass die Franzosen die *Interahamwe* in der »zone Turquoise« unterstützt haben. Man hat mir deswegen keine Vorwürfe gemacht. Überhaupt nicht, wer sollte mich dafür zurechtweisen? Ich nahm jedes Getränk, das ich bekam, ich hörte nicht auf Klatsch und Tratsch.

Im Grunde war mir alles egal. Ich fühlte mich zu einsam, ohne irgendjemanden, der mich unterstützte. Ich schlief, wo ich glaubte, eine Decke zu finden, im Zimmer eines Kollegen, hinter einer Straßenmauer oder manchmal unter den Sternen und beschützt von Bäumen. Ich musste meine Kleidung heimlich waschen, ohne dass mir eine Frau zur Hand ging. Ich fühlte mich verlassen. Das Glück machte einen Bogen um mich.

Wie ich schon in deinem Buch gesagt habe, wurde ich, der immerhin den Macheten entkommen war, der noch männliche Kraft in seinen Adern spürte, ich, der ich die Klassiker kannte und die Geometrie beherrschte – ich wurde Pessimist. Nichts stellte mich zufrieden. Sobald ich etwas anfing, ließ ich es wieder liegen. An Hygiene dachte ich nicht mehr. Ich konnte mit schmutzigen Händen essen wie ein Landstreicher. Ich war bei Kräften, aber ich konnte mich nicht entschließen, auch nur die kleinsten Vorhaben anzufangen. In meinem Kopf war Unordnung. Ich war noch tiefer gesunken als einer, der in Armut geraten ist, wenn ich das so sagen darf. Ich mied die Leute, die mir Vorwürfe machten, ich ertrug keine Zurechtweisungen mehr. Ich mogelte mich durch den Tag. Außer wenn ich jemanden traf, der mich verstand, mit dem ich trinken und reden konnte, ohne verspottet zu werden. Das war also mein Leben in jener Zeit.

2003 wusste ich dennoch, dass ich allzu unzufrieden war. Ich bin nach Kigali aufgebrochen, um Arbeit zu suchen. Dort gab es einen Mann, der die Anstellung von Überlebenden auf nationaler Ebene überwachte. Ich kannte ihn. Er fragte mich, wo ich die ganze Zeit gewesen sei. Er ermutigte mich, die Bewerbungsunterlagen auszufüllen. Aber der Job passte nicht zu mir. Nicht Faulheit hat mich ausgebremst, sondern die Enttäuschung. Seit den Massakern fühlte ich mich zu durcheinander, um noch ein Büro mit Kollegen zu teilen. Ich fürchtete Leute, die mich hätten ermahnen können.

In Kigali fand ich eine Unterkunft bei der Witwe meines großen Bruders. Ich stand um halb sechs auf, ging in die Frühmesse oder betrat eine der kleinen Kneipen. Ich trank, was man mir reichte, ich schaffte es, den ganzen Tag herumzulaufen, nur um meine Einsamkeit zu umgehen. Wenn ich kein Geld hatte, ging ich einfach weiter, ohne anzuhalten. Ob ich mich erinnern kann, woran ich dachte? Ich ging nach Nyamirambo, das Viertel, in dem ich früher gewohnt hatte, ich traf andere Kollegen, wenn man sie so nennen kann. Ich verbrachte drei Jahre damit, durch die Stadtviertel zu laufen, jetzt kenne ich sie alle.

Eines Tages sagte eine Bekannte aus Nyamata in einem Lokal zu mir: »Man hat den *Muzungu* in Nyamata gesehen.« Ich hatte eine kleine Summe in der Tasche, ich bin zur Bushaltestelle gegangen und hierhergekommen. Wir haben ein Primus zusammen getrunken und uns gut unterhalten. Am nächsten Tag wollte ich nach Kigali zurückfahren, aber ich hatte den Fahrschein vertrunken. Wieder einen Tag später hielt mich der Laden mit dem *Urwagwa* zurück. Jeden Tag machte ich mich zur Busstation auf, aber ich vertrank den Fahrschein. Weil ich nicht wusste, wo ich schlafen sollte, bin ich zu Marie-Louise gegangen. Sie sagte mir, es störe sie nicht, wenn ich ein wenig bliebe.

Marie-Louise ist liebenswürdig, sie macht mir niemals Scherereien. Mimi ebenfalls, ich kannte seine Familie, ich mag ihn sehr, wir verstehen uns gut. Auch mit den anderen Kindern komme ich aus, selbst wenn sie manchmal überheblich sind und man sich zankt. Wenn ich viel trinke, setze ich mich an den Tisch, und sie lachen, reißen Witze, ich lache auch, oder ich halte mich zurück, ich esse und gehe direkt ins Bett. Ich lebe unter ihnen, ich kenne sie nicht alle beim Namen, es sind sehr viele, außerdem kommen immer andere hinzu. Ich wasche mich mit ihnen im Hof. Ich füge mich gut ein. Außerdem würde ich, wenn ich es nicht täte, hinausgejagt. So kam es, dass ich nicht mehr nach Kigali zurückgekehrt bin.

Kurz nach den Massakern ließ sich Marie-Louise Kagoyire ein Haus mit vielen Zimmern bauen, um darin die Waisenkinder aus ihrer Großfamilie und der ihres Ehemannes, eines angesehenen Geschäftsmannes aus Nyamata, unterzubringen. Sie konnte damals nicht vorausahnen, dass inmitten dieser Kinderschar, die sie aufwachsen, zur Schule gehen und sich nach und nach verheiraten sah, ein großes Waisenkind namens Englebert auftauchen würde. Im Übrigen rechnet sie immer mit allem und nichts. Sie erzählt:

Englebert, den habe ich nach dem Genozid kennengelernt. Ich sah ihn zufällig auf der Hauptstraße. Er kam vorbei, er ging weiter, kam erneut am Laden vorbei. Ich hatte kein bestimmtes Bild von ihm, außer dass er viel redete. Er redete, ohne aufhören zu können, und er trank auch viel. Ich sah, dass man ihm zu trinken gab, er nahm es mit, und anschließend kam er wieder.

Es hieß, er sei der jüngere Bruder von Narcisse Munyambaraga. Ich glaube, das war es, was mich zunächst berührt hat. Die Familie von Munyambaraga wohnte in der Gegend von Kayenzi, ich kannte sie nicht, aber die Geschichte ihres Sohnes hatte sich weit herumgesprochen. Als die Inkotanyi 1992 ins Land kamen, um es zu befreien, hat man Munyambaraga beschuldigt, ihr Komplize zu sein. Er war ein wichtiger Mann in den Ministerien. Er wurde inhaftiert und zum Tode verurteilt, aber man holte ihn aus dem Gefängnis wieder heraus, einfach so. Darüber wurde viel geredet. Das Radio berichtete über ihn, sein Bild war in der Zeitung. Er kam oft nach Nyamata, um seine Eltern zu besuchen. Man hörte dann, dass er während des Genozids getötet wurde, genau wie sein anderer Bruder und seine Schwester.

Ich glaube, dies war der Grund, warum ich mich anfangs um Englebert gekümmert habe. Er hat sich schnell daran gewöhnt. Erinnerst du dich an die Zeit, als ich im »Prudence« gearbeitet habe, in der Nähe der Kneipe »Gacaca«? Englebert kam oft herein. Er wartete im Stehen, er fragte nach Alkohol. Es kam vor, dass man ihm eine Flasche anbot. Er plauderte, er redete ununterbrochen. Manchmal hörte man ihm zu, dann und wann lachte man über seine Worte, man schrie vor Lachen, oder man unterbrach ihn, wenn er zu viel getrunken hatte und bösartig wurde.

Wie wir ins Gespräch gekommen sind? Ich glaube, er war es, der anfing. Er wusste, dass ich mein Mittagessen im Laden einnahm, genau in dem Moment kam er dann herein. Er sah, dass es hier etwas zu essen gab. Er wusste, dass ich ihm etwas zu essen geben würde, und ich gab ihm etwas ab. Es machte mir nichts aus, ihm etwas anzubieten, ich hätte es ihm niemals verweigert. So lernten wir uns ein wenig schätzen. Er setzte sich, er aß, er machte unglaublich viele Worte, und dann ging er wieder.

Wie er aussah? Dazu kann ich nichts Besonderes sagen. Er lief die Straße entlang und kam herein wegen des Alkohols. Er hatte keine Arbeit. Man sah, dass er nichts besaß, keine Kleidung zum Wechseln, kein Geld, keinen Platz zum Schlafen, aber er redete viel. Manchmal, wenn er sich zu schwach oder zu krank fühlte, um bis nach Nyamata zu gelangen, beauftragte er jemanden, der zufällig vorüberkam, mich zu bitten, ihm Medikamente zu kaufen. Ich ließ sie ihm bringen, ebenso einige Nahrungsmittel. Wenn jemand merkt, dass du etwas für ihn tun kannst, und du kannst es tatsächlich tun, dann tust du es auch. In jenen Jahren nach dem Genozid gab es eine große Zahl von Überlebenden, die nichts als ihre Armut mit sich herumtrugen. Ich konnte nicht allen helfen, natürlich nicht. Warum also Englebert? Das kann ich nicht sagen. Manchmal denke ich, es ist wegen seines großen Bruders Narcisse Munyambaraga, wie ich dir schon sagte. Und weil er uns zum Lachen bringt. Ich habe ihn immer nur als einen erlebt, der ein wenig aus den Fugen geraten, vielleicht ein wenig traumatisiert war. Aber ich kann über die Traumata anderer nichts sagen. Ich habe ihn in der Zeit vor dem Genozid nicht gekannt, und ich weiß nicht, warum er so ist, wie er ist. Ich sehe, dass er auf die Straße geht, in seine Kammer zurückkommt, die Kleidung wechselt, wieder geht und dann wieder alles von vorne anfängt, bis er zu viel getrunken hat. Wenn ich ihn danach frage, antwortet er mir, dass er schon vor dem Massaker getrunken habe. Aber ich höre, wie er andauernd von seiner Familie spricht, von seinem großen Bruder Narcisse, von seinem kleinen Bruder Callixte, von seiner Schwester, die in Nyamata lebte. Er spricht fast jeden Tag darüber.

Weißt du, wie es dazu kam, dass er nach seiner Rückkehr aus Kigali 2006 hiergeblieben ist? Jeden Tag sagte er, er müsse nach Kigali zurück, ich glaubte ihm, doch dann vertrank er das Geld für den Fahrschein, und am Abend kam er wieder. Er konnte sich keine Wohnung leisten und fing an, hier zu schlafen. Anfangs schlief er bei den Kindern. Aber oft trank und redete er zu viel, oder er wurde wütend und schimpfte mit ihnen. Wenn ich sah, dass er sie störte, sagte ich ihm: »Onkelchen, wenn du fahren willst, dann fahre, aber solange du hier bist, wirst du nicht die Kinder stören. Nimm die Kammer im Hof.« So ist er dann hiergeblieben.

Manchmal, wenn ich ihn um etwas bitte, regt er sich furchtbar auf und schreit herum, er werde gehen. Dann sagen wir ihm »Auf Wiedersehen«, und er solle ja nicht vergessen, uns ein Lebenszeichen von sich zu geben, aber er ist niemals fortgegangen.

Gelegentlich sind die Kinder seiner überdrüssig, wenn er zu viel getrunken hat und bösartig wird. Aber sie schimpfen nie auf ihn, niemals. Ich weiß nicht, warum er bösartig werden kann, wenn er zu viel getrunken oder vor allem wenn er geraucht hat. Ich sehe nur, wie er sich schlagartig verändert. Erst zeigt er sich freundlich und lustig, plötzlich wird er wütend, schreit und wird beleidigend, dann vergisst er seine Wut, verändert sich ebenso schnell wieder und verhält sich wie zuvor. Manchmal ärgert er sich über jemanden von morgens bis abends, und auf einmal spricht er mit ihm, als ob er vergessen hätte, dass er eben noch böse auf den anderen gewesen ist. Manchmal ist er auf alle wütend, teilt Beleidigungen und Drohungen aus und lacht dabei. Ich kann das nicht erklären, ich sehe nur, wie es aus dem Nichts entsteht. Seine Bösartigkeit ist niemals von Bedeutung, sie wiegt nicht schwer, sie tut niemandem ernsthaft weh.

Warum die Kinder ihn lieben? Ich weiß nicht, warum. Du magst ihn doch auch, weißt du, warum? Ich mag ihn und kenne die Gründe dafür nicht. Warum mögen die Leute ihn? Er mag die Leute auch. Er hat niemals etwas Übles angerichtet, das dazu geführt hätte, dass man ihn nicht mehr mögen kann. Er kommt von unserem Hügel, er ist nett. Du siehst, wie er auf die Straße geht, er redet mit allen. Ob Militärbeamter, Bürgermeister, Landstreicher, das ist ihm egal. Er hält niemanden für wichtig. Er redet, wie es ihm passt. Erinnerst du dich, wie er mit diesem koreanischen Herrn sprach, der gerade Gymnastik machte? Er sah ihn, er ging mit einem Zettel und einem Kugelschreiber auf ihn zu, um ihn nach seinem Namen zu fragen. Sie sprachen miteinander. Sie unterhielten sich bestens, und wir, wir lachten. Ich weiß nicht, in welcher Sprache sie sich so lange unterhielten. Ich kenne niemanden, der dazu fähig ist, einfach so mit einem durchreisenden Ausländer in Sportshorts zu reden.

Englebert ist mafou mafou, *ein bisschen plemplem. Er hält sich mit nichts lange auf. Erinnerst Du Dich daran, wie wir baden gingen? Er hat uns erzählt, dass er schneller als ein echter Champion im Douala-Fluss schwimmen könne. Er nähert sich dem Wasser, ohne überhaupt an die Tiefe zu denken, und springt hinein. Er fängt an unterzugehen, rudert mit den Armen, findet keine Luft zum Atmen mehr, und Médiatrice muss hinterherspringen, um ihn zu retten. Wir ziehen ihn heraus, er spuckt Wasser, aber er beginnt wieder zu atmen. Er schreit, er sei der Stärkste, und geht wieder ans Ufer. Er steigt nicht vorsichtig ins Wasser, um dort zu schwimmen, wo es flach ist. Er schafft es nicht, langsam hineinzugehen, erst einen Fuß, dann bis zur Taille, er lässt nicht zu, dass wir ihm zeigen, wie man im Wasser zurechtkommt. Nein, er schreit, dass er mehr vom Schwimmen verstehe als der Rest der Welt. Er springt erneut ins tiefe Wasser und geht wieder unter. Jetzt erzählt er allen, er habe die Geldstücke in der Tasche seiner Badehose vergessen und sei deshalb in die Tiefe gerissen worden. Er treibt Dinge, die einen zum Lachen bringen, er kann sagen, was er will, es ist zum Schreien. Du hast ihn gestern gesehen, als er traditionelle Weisen sang. Er brachte Mimi zum Tanzen. Wir haben mit ihm gesungen. Auf der Straße lachen die Leute häufig über ihn. Ob sie sich über ihn lustig machen? Das kann ich nicht sagen. Die Leute wissen, dass er intelligent ist, und sie finden seine Worte höchst interessant.*

Wenn er eines Tages gehen wird, dann wird er gehen. Das wird uns zu schaffen machen. Er ist ein Mensch, einer von uns. Abends nehmen wir die Mahlzeit im Hof ein, wir essen schweigend, wir tauschen mit leiser Stimme Neuigkeiten aus. Er kommt herein, er hat getrunken und ruft aus: »Ich bin das Grauen«, dann erzählt er eine Geschichte, wir lachen, wir können miteinander plaudern, sehr laut und fröhlich werden.

IN NYAMATA, DAS KANN ICH mit Fug und Recht behaupten, kenne ich sämtliche Ecken. Am meisten bewege ich mich im Viertel von Marie-Louise. Ich habe aber auch Freunde im Zentrum von Nyamata in der Einkaufsstraße, in Kayumba oberhalb des Marktes, in Gasengea, in Nyabivumu, in der Nähe des Gatare-Viertels, wo Chantal wohnt, und bis hin nach Rwakibirizi, wie ich dir schon gesagt habe. Die Freunde fragen mich, warum ich sie nicht besuche, und dann muss ich zu ihnen gehen. Ehrlich, ich will mich nicht loben und voller Stolz behaupten, derjenige zu sein, der Nyamata am besten kennt, aber ich gehöre zu denen, die es wie ihre Westentasche kennen.

Ich gehe überall spazieren, auch auf den unbefestigten Pfaden abseits der Asphaltstraßen. Ich habe die Namen fast aller Bewohner im Kopf, selbst wenn viele von ihnen während des Genozids umgekommen sind. Da, siehst du die Läden – ich weiß, wem sie gehören, ich kenne die Leute, die in den Werkstätten arbeiten, und auch die, die nicht arbeiten. Nein, nein, sämtliche Kneipen kenne ich nicht. Jedenfalls gehe ich nicht in alle hinein. Aber ich habe Freunde. Ich bin bekannt. Ob ich der Bekannteste von allen bin? Entschuldige, wenn ich lache, aber wie könnte ich denn bekannter sein als der Bürgermeister von Bugesera oder der Unternehmer Eugène, der ein festes Haus mit drei Stockwerken gegenüber von Tite gebaut hat? Ehrlich, wir wollen nicht übertreiben.

Ich bin noch nicht einmal derjenige, der am meisten in Nyamata herumkommt, weil ich kein Fahrzeug besitze. Aber ich gehe gerne spazieren. Ich kann nicht sagen, dass ich in diesem oder jenem Augenblick hierhin oder dorthin gehe. Das ändert sich jeden Tag.

Das Gehen tut mir gut. Die größten Philosophen gehen ebenfalls spazieren, und sie nennen sich Optimisten, so hat man es mir jedenfalls beigebracht. Ich ahme sie unbewusst nach. Da ich früh aufstehe, habe ich Zeit, den ganzen Tag spazieren zu gehen. Ich sage den Katechismus auf, wasche mich mit reichlich Wasser, das alles geht schnell. Wenn ich kleine Projekte in Auftrag habe, versuche ich, sie so rasch wie möglich niederzuschreiben, ohne allzu lange mit dem Auftraggeber zu diskutieren. Heute Morgen hat mich eine Überlebende mit Namen Valentine wegen eines Projekts zur Aufzucht von Legehennen angerufen. Ich habe sie gewarnt, dass die Küken bei Mangelernährung eingehen können, und dann habe ich ihr ein Kreditgesuch aufgesetzt. Das dauerte nicht länger als bis neun Uhr. Zum Essen komme ich immer rechtzeitig, aber ich stehe rasch wieder vom Tisch auf. Wenn ich während der Hitze in der Trockenperiode ein Nickerchen mache, dann nicht lange. So bleibt mir Zeit zum Gehen. Ich langweile mich niemals, niemals wird es mir zu viel. Ich kann das nicht erklären, das liegt in meiner Natur. Außerdem ist es gut für den Kopf, wenn man Leute trifft. Wenn du dich mit ihnen unterhältst, dann kannst du Neuigkeiten erfahren, die für dich von Vorteil sind, oder du kannst witzige Einfälle loswerden.

Ich rede, ohne misstrauisch zu sein, ich halte nicht mit der Wahrheit zurück, ich singe, wie es mir gefällt. Wer sollte mich daran hindern? Kennst du den Oberst Fred Ibingira, der uns 1994 gerettet hat? Er stammt von unseren Hügeln. Wenn er nach Nyamata kommt, kauft er mir eine Flasche, und wir unterhalten uns. Ich scherze mit dem ehemaligen Unterpräfekten François, ich spreche mit Lehrern. Die Fahrer grüßen mich. Auch die jungen Lastträger hinter ihren Schubkarren. Auf dem Markt rufen mich die Bäuerinnen herbei, ich kenne sie mit Namen; die Kartoffelhändlerinnen möchten, dass ich Späße mit ihnen treibe. Du siehst, dass der Händler, bei dem es den traditionellen Tabak gibt, mir die Pfeife reicht. Ich rede mit den Kostümschneidern, mit den kleinen Jungen, mit jedermann, ohne mich zu genieren – nur über Politik rede ich nicht.

Ich könnte mich auch verstellen. Aber wozu soll das gut sein? Ich nenne die Dinge beim Namen, so wie es mir über die Lippen kommt. Wenn das auf Widerstand stößt, dann, weil meine Worte ins Schwarze treffen. Bringe ich mich dadurch um ein Getränk? Das stört mich nicht sonderlich. Was riskiere ich, wenn ich die Leute verspotte, nachdem ich den Macheten entkommen bin? Mache ich mir dadurch Feinde? Ich kenne keinen Einzigen, der mir nur wegen meiner Worte Böses zufügen könnte. Sollte es doch welche geben, ist es mir egal, ich will davon nichts wissen.

Die Menschen sind nicht alle nach der gleichen Art geschaffen. Mir etwa bereitet die Wahrheit keine Probleme. Sie beruhigt mich. Wenn ich jemanden treffe, dem ich vertraue, und er enttäuscht mich, dann sage ich es ihm auf der Stelle. Ärgert er sich, umso schlimmer. Wenn du dich mit der Wahrheit, welche es auch immer sei, zufriedengibst, sobald sie einmal ausgesprochen ist, dann ist Schluss, dann bedrängt dich nichts mehr, du fürchtest die Folgen für dich nicht mehr. Wer sich dagegen selbst belügt, der weicht nur aus; dann kehrt er nach Hause zurück, greift zur Flasche und schluckt seine Reue herunter. Ist die

Flasche leer, machen die Lügen Jagd auf ihn. Du kannst natürlich auch schweigen. Ich lese in den Augen derer, die schweigen, weil sie ihre Bosheit verbergen, wie beispielsweise die Anderen, die die Sümpfe nach uns durchsuchten. Das passt mir nicht. Reden ist Silber, und Schweigen ist Gold, so lautet euer Sprichwort, nicht wahr? Entschuldige, wenn ich noch einmal lache. Aber was sollte ich mit dem Gold tun, wenn ich ein bisschen Silbergeld für ein Getränk bekomme?

Ehrlich, ich habe mehr Freunde als Feinde. Weißt du, wann ich mich davon überzeugt habe? Eines Tages wurde ich auf der Straße von einem Auto umgefahren, in der Nähe von Marie-Louise. Am Krankenbett standen sämtliche Kellner aus den *Urwagwa*-Kneipen Schlange, um mir ihr Mitgefühl auszudrücken und mir eine baldige Genesung zu wünschen.

Du magst mein Leben ungewöhnlich finden. Das liegt daran, dass ich keine Familie mehr habe. In dieser Hinsicht fühle ich mich einsam. Die zahlreichen Freunde, die ich habe, würde ich als gewöhnliche Freunde bezeichnen, mit denen man auf der Straße redet oder eine Flasche gemeinsam trinkt und Nettigkeiten austauscht. Ich störe sie nicht, sie stören mich nicht. Wenn du mich aber bittest, meine besten Freunde zu benennen, dann kann ich kaum fünf aufzählen, ich meine solche, die man zu Hause besucht. Außerdem habe ich kein Zuhause. Deshalb rede ich mit Leuten, die ich zufällig treffe. Sie rufen mich zu sich heran. Ich bringe sie zum Lachen, ich lache selbst, wir trinken zusammen, ich bin zufrieden. Worüber wir reden? Über die alltäglichen Ereignisse, über unverhoffte Nachrichten, über alles, außer über Politik. Ob ich mich aus der Politik heraushalte? Nein, nein, aber glaube mir, falls die Massaker an den Tutsi wieder anfangen sollten, dann nicht sehr bald. Vielleicht in fünfzig Jahren, vielleicht in dreißig? Ich gehöre zu denen, die nicht wissen, was die Zukunft für sie bereithält. Was auch immer kommen mag, ich habe keine Angst davor, und diese Sicherheit genügt mir.

Ob wir mit Bekannten über den Genozid sprechen? Nicht sehr oft. Wenn ein Fremder anreist, um uns zu fragen, wie wir überlebt haben, berichten wir von den Schwierigkeiten, die wir in den Sümpfen hatten, oder wie wir durch den Busch gerannt sind. Von den Leuten, die am Abend hingestreckt dalagen, und von denen, die noch für eine weitere Nacht davonkamen. Von dem Gewirr der Schreie und Pfiffe bis zu dem Tag, an dem die *Inkotanyi* uns retteten. Von Zeit zu Zeit kommt jemand aus einer anderen Präfektur zu uns herüber, um unsere Geschichte mit dem zu vergleichen, was er selbst erlebt hat. Wir berichten ihm über die Ereignisse und die Einzelheiten, die ihn interessieren, das ist normal.

Mein Gedächtnis bleibt mir treu. Ich vergesse fast nichts. Wie könnte ich die Namen meiner Lehrer seit der Grundschule noch hersagen, aber die Schreie der Frauen im Busch vergessen, denen sie den Bauch mit Klingen aufschlitzten, um ihnen ihre Babys zu entreißen? Ich weiß nicht, ob die Erinnerungen mancher Überlebender mit den Jahren verblassen, aber was mich betrifft, so kann ich dir die Massaker von Nyiramatuntu in allen Einzelheiten erzählen. Ob mein Gedächtnis bestimmte Erinnerungen aussortiert? Wie soll das gehen? Mein Gedächtnis sortiert nichts aus, wenn ich das nicht von ihm verlange – und ich verlange nichts von ihm. Das heißt nicht, dass ich mich ständig an den Genozid erinnere. Nachts träume ich auch von etwas anderem, tagsüber beschäftigen mich andere Dinge mehr.

Aber ich vergesse im Laufe der Zeit keine Einzelheit, jedenfalls nichts Wesentliches.

Unter Freunden führen die Erinnerungen zu nichts als Frustration. Alle, die in Nyamata überlebt haben, waren in einer vergleichbaren Lage. Das andauernd zu wiederholen ist nur quälend. Mir gefällt es überhaupt nicht, immer mehr Informationen über die Massaker zu bekommen. Wird meine Familie dadurch wieder lebendig? Wohl kommt man im Kreis von Bekannten, wenn der Zufall es will, auf Personen zu sprechen, die einst dazugehörten und die man nicht mehr sehen wird. Man erwähnt, wie man sich untereinander verstanden hat, und man redet darüber, dass das Leben weitergehen muss, weil einem nichts anderes übrigbleibt. Das wohl, aber nicht mehr, denn die Liste der Toten ist lang. Außer zum Beispiel, wenn jemand an einer traumatischen Krise leidet und um Hilfe bittet. Das kommt nicht mehr oft vor. Ich persönlich meide diese Erinnerungen, die sonst anschließend im Schlaf zurückkehren.

Léodomir, mit dem ich in die Sümpfe geflohen bin, ist nach dem Genozid gestorben, ich weiß nicht, ob an Aids oder Tuberkulose. Alexis treffe ich häufig. Er lebt nicht weit von hier. Er spricht kein Französisch, weil er kaum die Schule besucht hat, aber er kocht in einer Schulkantine nahe der Pfarrei. Natürlich trinken wir zusammen in der Kneipe, doch wir sprechen nicht über unser Leben als verlauste Tiere in den Sümpfen. Was sollten wir uns sagen? Wir versteckten uns zu viert im Gebüsch, am Abend aßen wir aus dem Kochtopf, und wir erwarteten den Morgen, um gemeinsam aufzubrechen. Wir befanden uns am Tag der Ankunft der *Inkotanyi* im selben Versteck. Was gäbe es noch zu erzählen, da wir uns doch beide gleichermaßen an sämtliche Tage erinnern?

Vor allem ist Alexis ein großer Säufer geworden. Vor dem Genozid handelte er mit Bananenbier. Er bewirtschaftete eine Parzelle in unserer Nähe, zusammen mit seinem Bruder, der an einem dicken Bauch litt. Später hat er sein Land verkauft, um es in Alkohol anzulegen, er hat den Handel mit *Urwagwa* aufgegeben und trinkt es jetzt stattdessen selbst, er lässt die Flasche nicht mehr los, sobald er aufhört zu arbeiten. Er ist den Leuten gegenüber misstrauisch, er schimpft herum. Er bedrängt uns. Deshalb gehe ich ihm aus dem Weg. Wenn ich ihn nüchtern treffe, dann ist er wirklich ganz nett, zeigt sich bedächtig, aber wir ziehen es vor, Neuigkeiten statt Erinnerungen auszutauschen.

Tatsächlich rede ich in der Kneipe nur über einfache Dinge. Mit Intellektuellen unterhalte ich mich über das, woran sie gewöhnt sind, und ich ziehe sie auf. In Begleitung von Bauern rede ich über Kühe, über den Regen, auf den man wartet, und über die Sorgen auf dem Land, die es immer gibt. Mit Leuten, die nichts besitzen außer ihrer Flasche, spricht man gleichfalls über dies und das. Man reicht den Trinkhalm weiter, man palavert und scherzt. Ich leere die Flasche, dann ziehe ich weiter.

Am Abend gehe ich Richtung Haus. Ich warte die hereinbrechende Nacht im Lebensmittelladen nahe der Tankstelle ab. Der gehört Innocent, ein netter Mensch. Ich kannte seinen Vater, den Kleiderhändler. Dort treffe ich auf treue Bekannte, mit denen ich einen Abendschoppen teile.

Um zwanzig Uhr sitzen wir bei Marie-Louise gemeinsam mit den Kindern zum Abendessen am Tisch. Wir machen Witze. Oft werden die Jungen überheblich, wenn es zu viel wird, macht man ihnen das deutlich. Wenn mir die Unterhaltung nicht gefällt, wenn sie sich über mich lustig machen, gehe ich hinaus, um zu rauchen, oder ich lege mich gleich schlafen. Wie soll ich einen schönen Tag beschreiben? Oh! Das erfordert Nachdenken ... Auf jeden Fall ist es einer, wenn es dir gelingt, ihn ohne unangenehme Zwischenfälle zu verbringen.

WENN ICH IN DEN RAUM HINEINRUFE oder singe: »Ich bin der Klügste, ich bin das Grauen, der größte Bösewicht und so weiter«, dann scherze ich, weil es mir nichts bedeutet. Ich mag eben Sprüche, die etwas in Bewegung bringen. Wer sich darüber mokiert, ist dumm, darauf nehme ich keine Rücksicht. Wenn die Spötteleien mir selbst auf die Füße fallen, weil ich zu viel getrunken habe, dann erkläre ich die Leute für missgünstig und verziehe mich.

Ob mich der Alkohol bösartig macht? Wieso bösartig? Schlage ich etwa jemanden? Kennt man mich als schrecklichen Feind? Eine Streiterei habe ich schnell vergessen. Ich bedrohe niemals jemanden als Erster, ich mische mich niemals in die Angelegenheiten anderer ein. Wenn jemand mich abschätzig mustert, werde ich schnell wütend. Aber da bin ich nicht der Einzige. Das heißt nicht, dass er mein Feind wird. Es kommt vor, dass ich ihn anfahre oder ihm drastische Beleidigungen an den Kopf werfe. Dann geht es hitzig zu. Ob ich ihn beleidige? Schon möglich, aber nie lange. Wenn man sich beim Alkoholtrinken zankt und ich mich ärgere, dann scherzt man am nächsten Tag, weil man sich über eine belanglose Dummheit gestritten hat, und kehrt zu seinen Alltagsgeschäften zurück, oder man erinnert sich gar nicht. Allenfalls laufe ich vorbei, ohne stehenzubleiben. Ich bin niemals nachtragend, ich hege keinen

Groll, und ich bedaure nichts. Ich mag weder Verbitterung noch Hinterlist.

Ich verdränge die düsteren Gedanken. Ich habe mehr schlechte Erinnerungen als düstere Gedanken. Nachts denke ich manchmal an das, was geschehen ist. Der Genozid hat mein Leben zerstört, denn es ging uns wirklich gut; und jetzt, ohne irgendjemanden, ist nichts mehr übrig geblieben. Mein Bruder Narcisse wurde während des Genozids umgebracht, mein Bruder Callixte wurde umgebracht und auch meine Schwester. Wir sind nur zwei Überlebende, ich und mein kleiner Bruder Joseph, der sich in Kanada verheiratet hat. Ich habe überlebt, aber du siehst, dass ich als Einziger auf heimischem Boden zurückgeblieben bin.

Ich fühle mich nicht wohl mit dieser Lebensweise. Früher trafen wir uns im Haus, wir waren angesehen. Wir boten den Krug mit *Urwagwa* an und unterhielten uns einträchtig. Wir aßen traditionelle Bohnen, es kam vor, dass wir Ziegenfleisch am Spieß brieten. Wir lachten, wir tauschten gute Nachrichten aus, wogen interessante Ideen ab. Wir verschafften uns Abwechslung, und wir halfen uns gegenseitig.

Wenn meine Brüder nicht die Zeit fanden, uns im Haus zu besuchen, dann war ich es, der einen Fahrschein nach Kigali kaufte. An den Markttagen lief ich zu Fuß zu meiner Schwester nach Nyamata. Sie arbeitete als Erzieherin im Waisenhaus. Da sie ein Gehalt bekam, schenkte sie mir von Zeit zu Zeit einen Sack mit zwanzig oder fünfzig Kilo Mehl. Sie war sehr dunkel, ihre Zähne standen ähnlich wie meine, aber die meisten Leute sagten, dass sie unserem Vater recht ähnlich sah. Sie zeigte sich in allem so beflissen, dass sich die Kinder drängten, um sie als Patentante zu bekommen. Sie war meine kleine Schwester. Ich erinnere mich an sie, seit sie ihre ersten Worte sprechen konnte. Da sie meine einzige Schwester war, suchte ich sie oft auf. Sie war durch nichts aus der Ruhe zu bringen. Sie war freundlich, freundlicher als alle anderen in unserer Familie, weil sie das einzige Mädchen war. Die Waisenkinder liebten sie. Wir sprachen über die Angelegenheiten des Hauses: Wie geht es dem und dem? Was esst ihr? Und die Kühe, geben sie Milch? Wir besaßen schöne Kühe, man schätzte uns sehr. Wir trafen uns in unserer eleganten Kleidung bei einer Hochzeit oder Taufe wieder. Wir fühlten uns zugehörig, und wir standen einander zur Seite. So war das Leben in der Familie.

Alles, was ich vor den Massakern an Erwartungen hatte, darauf hoffe ich jetzt nicht mehr. Trotzdem bin ich nicht mehr so verloren, wie ich es unmittelbar nach dem Genozid war; ich verschwende keine Zeit mehr damit. Es ist mir egal. Ich weiche den bösen Erinnerungen aus, außer wenn mir der Alkohol fehlt. Erinnerungen hängen auch davon ab, welches Leben man führt. Im Elend wird das Gedächtnis von Kummer geplagt. Wenn mir Alkohol fehlt, fühle ich mich angegriffen. Ich stolpere über die Bilder aus den blutigen Sümpfen. Aber das hält nicht an. Kann ich die Schrecken der Macheten in den Sümpfen vergessen? Mir geht es nicht besser, wenn ich darüber spreche. Warum etwas verlängern, indem man davon erzählt? Es bringt mich durcheinander, alles wieder und wieder durchzugehen, kannst du das verstehen? Ich habe überhaupt keine Angst mehr. Du siehst, wie stark ich bin. Ich habe überlebt, mich kann nichts mehr in Verlegenheit bringen.

Nachts schlafe ich sofort ein, ohne dass mich etwas daran hindert. Oft erinnere ich mich im Traum an meine Mutter, meinen Vater. Sie sitzen unter hohen Bäumen und ruhen sich aus. Sie führen mich zu meinen Brüdern oder meiner

Schwester. Ich besuche manchmal meine Großmutter oder meine Onkel väterlicherseits, all die Toten. Ich frage nach Neuigkeiten. Im Schlaf sehe ich, dass es ihnen gut geht. Wir unterhalten uns. Es ging uns wirklich gut, uns fehlte es an nichts.

Als ich klein war, schöpfte ich Wasser und sammelte Holz, das war nicht anstrengend. Meine Großmutter habe ich immer sehr geliebt. Sie redete mir stets gut zu. Wir verstanden uns. Noch als ich das Collège besuchte, klopfte ich in den Schulferien weiterhin bei ihr an. Sie warf die Süßkartoffeln für mich direkt in die Glut, weil sie wusste, wie gut mir das schmeckte. Ich kann sagen, dass ich sie immer zufriedengestellt habe, weil ich als Klassenbester abschnitt. Auch meine Eltern haben mich ermutigt. Wenn sie mir Ruhestunden gönnten, amüsierte ich mich. Wir Kinder spielten zusammen, was Kinder nun mal so machen. Wir waren wirklich fröhlich. Ich wache zufrieden auf, weil ich mich mit allen diesen nahen Verwandten so gut unterhalten habe, ich vergesse diese Träume nicht. Sie geben mir Trost und Stärke.

Manchmal verursachen die Massaker mir Albträume. Ich befinde mich im Busch mit anderen Flüchtlingen, ich höre das Getöse der *Interahamwe*. Ich sehe, wie ich unter einem Papyrusbaum hocke, ich laufe quer durch das Unterholz. Ich habe Angst vor den Macheten. Weil ich Durchfall habe, fällt mir das Laufen schwer, ich kann mich nicht mehr so fortbewegen, wie ich will, ich sehe mich von einer Gruppe von Mördern umkreist. Jetzt ist mein Ende gekommen.

Das ist quälend, aber gewöhnlich wache ich gerettet auf. Ich bin der Gruppe entkommen, ohne zu wissen, warum. Auf jeden Fall erstaunt es mich, dass ich noch da bin. Im Grunde kann ich sagen, dass es mich immer wieder überrascht, nicht umgekommen zu sein wie zahllose Gefährten, die stärker waren, wohingegen ich mich krank fühlte. Beruhigt gehe ich durch den Tag. Die Geschichte ist mir nicht mehr so auf den Fersen wie früher.

ICH FÜHLE MICH STARK. Meine Gesundheit ist seit meiner Kindheit unerschütterlich, und sie ist es geblieben. Wie hätte ich denn als Tutsi Klassenbester und obendrein noch krank sein können? Man hat mich noch mit keiner Krankheit gesehen. Ich schlucke niemals Medikamente, gehe niemals ins Krankenhaus, außer wenn ich von einem Auto angefahren werde. Glaube mir, die Leute fragen mich: »Du, Englebert, wirst die Hundert überschreiten, ohne überhaupt die Jahre zu zählen, wieso wirst du nicht älter? Verrate uns dein Geheimnis.« Und ich antworte ihnen: »Wenn du mein Geheimnis wissen willst, dann gib mir eine Flasche aus. Aber offen gesagt, ich kenne es nicht.« Meine Haare werden ein wenig grauer, aber ich fühle mich immer noch jung, weil ich mir das Leben nicht mehr schwer mache. Ich beruhige mich in jeder Lage. Wenn mir Schwierigkeiten begegnen, dann lasse ich mich nicht auf sie ein. Ich ziehe weiter, gehe meinen Problemen aus dem Weg, und das tut meiner Gesundheit gut. Meine Probleme lösen sich im Allgemeinen von selbst, ohne dass ich mich damit herumplagen muss. Ich denke nicht weiter darüber nach, sondern warte darauf, dass sich die Dinge wieder einrenken, komme, was wolle. Seit dem Alter, in dem ein Kind zu denken beginnt, und womöglich schon früher, konnte ich den Dingen ganz einfach ihren Lauf lassen. Mein großer Bruder Narcisse sagte mir: »Dir fällt alles leicht, das ist eine Gabe, die du nutzen musst, um Erfolg zu haben.«

Ob sich daran nicht etwas geändert hat? Ich begreife den Sinn deiner Frage nicht ganz. Ich kann dir nur versichern, dass ich Optimist geworden bin. Ich mache mir einfach keine Sorgen. Ich erwarte nicht mehr, einen bezahlten Job zu finden. Doch wenn mir das Glück eines Tages bescheidene Mittel zukommen lassen würde und ich weiterhin wohlauf bliebe, dann würde ich mir eine Ehefrau suchen. Wegen meines hohen Alters könnte ich wahrscheinlich nicht mehr viele Kinder haben, vielleicht zwei oder drei. Selbst ein Kind wäre eine große Sache. Immerhin fließt königliches Blut in meinen Adern.

Eine fruchtbare Parzelle ist ein Trumpf, wenn man eine Frau von der Ehe überzeugen will. Wenn sie mich unterstützt, dann schneiden wir die Obstbäume, die noch tragen, wir reinigen das Grab meiner Eltern, wir pflanzen Bananen, um Alkohol daraus zu gewinnen. Kaffeesträucher, ich weiß nicht. Auf jeden Fall werden wir Milchkühe züchten. Ja klar, Ankole! Was sonst? Kühe ohne Hörner möchte ich nicht einmal geschenkt bekommen. Wenn man uns nur die traditionelle Aufzucht noch erlaubt. Falls nicht, dann nicht mehr als zwei Kreuzungen und fünf Ankole, würde ich sagen, weil ich nicht weiß, ob sie noch so ertragreich sind wie früher. Wir werden einen Hirtenjungen im Tagelohn suchen. Ob ich die Kühe ordentlich ernähren kann? Keine Sorge, klar, es ist natürlich lange her, doch früher war ich sehr tüchtig darin. Ohne Zweifel war ich ein besserer Viehzüchter als ein Landwirt. Das werden dir alle Nachbarn bestätigen, jedenfalls die, die nicht tot sind. Zwar werde ich es darin niemals so weit bringen wie Papa, weil ich auf der Schulbank groß geworden bin, doch immerhin weiß ich, wie wichtig Kühe sind.

Ob mir die Kneipen in Nyamata nicht fehlen werden? Siehst du den Fußweg dort? Da unten biegst du hinter den Guaven links ab, du läufst durch das Feld bis zu dem kleinen See, dann wieder links, du kletterst durch die Schlucht, dort, wo kein fester Grund, sondern nur noch Schotter ist, dann gehst du weiter am Brachland entlang, wo fast alle gestorben sind, du kommst an einer kleinen Brücke vorbei, weiter geht es durch den Busch, dann stößt du auf den Weg hinter der Kirche und kommst schließlich auf der Hauptstraße nahe der Tankstelle an. Das Ganze dauert morgens, wenn du schnell gehst, eine Stunde und fünfzehn Minuten, und abends, wenn du dich müde fühlst, zweieinhalb Stunden. Ich werde in Nyamata spazieren gehen und auch kleine Projekte übernehmen oder Schreiben aufsetzen, denn viele Leute bitten mich darum.

Ich mag es gern, wenn der Regen fällt. Du hast gesehen, dass ich mich nicht beeile, einen Unterstand zu finden, wenn es regnet. Bin ich unterwegs, und es fällt Regen, gehe ich weiter, bis ich am Ziel bin. Werde ich durchnässt, ist mir trotzdem nicht kalt, es stört mich überhaupt nicht, außer wenn es blitzt und donnert, aber das geht jedem so. Der Grund ist, dass ich die Segnungen nicht vergesse, die das Wasser der Erde bringt, das Gras, das für die Kühe wächst, die Bäuerinnen, die vor sich hin singen, die Ernten, die man verkauft, und das Primus, das reichlich in der Kneipe fließt. Ich wäre begeistert, wenn ich auf meiner Parzelle leben könnte.

Auf jeden Fall vermeide ich den Pessimismus, weil ich sonst Fehler beginge, die mich blockieren würden. Ein konkretes Beispiel: Ich bin nie in die Sümpfe zurückgekehrt, weder allein noch mit Kollegen. Ich bin nicht zu den Papyrusbäumen hinter meiner Parzelle hinabgestiegen, wohin ich einst flüchtete. Warum die Schlammlöcher wieder aufsuchen, in denen wir uns verbargen? Wenn ich in der Nähe vorbeikomme, gehe ich rasch weiter. Der Busch ist sowieso von selbst wieder zugewachsen, alles hat sich verändert. Nein, nein. Die Erinnerung daran, wie eine wilde Ziege gejagt worden zu sein, demütigt mich überhaupt nicht. Ich schäme mich nicht für den Zustand, dem ich im Sumpf ausgesetzt war, ich wollte ganz einfach leben.

Wenn ich den Anderen begegne, mit ihren Macheten, kümmere ich mich nicht darum. Ich setze meinen Weg fort, ohne den Blick auf sie zu richten. Ob ich vor ihnen fliehen würde? Sie flößen mir keinen Schrecken mehr ein. Im Gegenteil, sie sind es, die fürchten, dass wir sie denunzieren. Ihnen verzeihen? Ich will nichts von ihnen hören. Vor dem Genozid mochte ich viele Leute. Danach war ich enttäuscht. Zu enttäuscht, so kann ich es sagen. Seither lasse ich sie links liegen, ich vermeide Schwierigkeiten. An Tagen, an denen ich niemanden mag oder niemand mich mag, verberge ich mich. Wenn ich nicht weiß, wo mir der Kopf steht, trinke ich Alkohol, lege mich hin und schlafe. Das geschieht allerdings nicht oft. Ob ich Alkohol trinke, um die düsteren Gedanken zu verscheuchen? Ich sage weder Ja noch Nein. Wie dem auch sei, ich werde nicht ständig von solchen Gedanken heimgesucht. Das kommt, weil ich immer noch gerne lache.

Ich ziehe das Lachen auf mich, sobald ich da bin, das gehört zu meinen Gewohnheiten. Ich besitze dieses Geschick, wenn ich das so sagen darf. Ich habe damit in frühester Jugend begonnen, daher kann ich es nicht lassen. Was das heißt? Wenn der Lehrer uns beim Unterricht in der Grundschule den Rücken zukehrte, machte ich heimlich Witze, ich wurde hinausgeschickt und bestraft. Ich liebte es, die Klassenkameraden irgendwie zu stören. Das hat mir keinerlei Nachteile gebracht, weil ich am Ende des Jahres trotzdem immer zu den Besten zählte. Ich trat auf wie ein Schauspieler, ich trieb die witzigsten Dinge und dachte mir dabei nichts Schlimmes.

Ich erinnere dich daran, dass ich die Schule als Bester im mündlichen Vortrag abschloss. Wenn ich aufgerufen wurde, um etwas zu rezitieren, sprach ich besonders klar und deutlich, und meine Mitschüler klatschten. Ich musste mir keine Sorgen machen. Als Kind brachte ich die Gleichaltrigen zum Lachen, aber auch die Erwachsenen, sie lachten aus vollem Herzen. In der Familie war es genauso, ich war der Spaßmacher. Aus vollem Halse sang ich Lieder auf Französisch oder auf Kinyarwanda, die ich in der Schule gelernt hatte. Zusammen mit Jugendlichen von meinem Hügel sang ich gerne im Chor. Ich habe damit aufgehört, weil mein fortgeschrittenes Alter nicht mehr zu den Liedern passt, außer natürlich, wenn sie lustig sind.

Mir ist zum Lachen, wenn ich zufrieden bin. Wenn ich zufrieden bin, bereite ich den anderen gerne Vergnügen. Aber ich vermeide das blöde Lachen. Vorsicht, ich lache nicht wie ein Verrückter. Wenn ich eine Gruppe von Bekannten treffe, scherze ich, und wir machen Witze. Wer gerade eine spöttische Bemerkung parat hat, der wirft sie auch in den Raum, das schafft Unterhaltung. So fühlen wir uns besser als bei bloßem Palaver. Wenn ein Kollege einen Witz erzählt, dann lache ich aufrichtig und gerne. Wenn ich ein witziges Thema finde, dann denke ich mir dazu Sprüche aus, die die Lust zu lachen verlängern. Ich necke die Leute gerne, wie ich es schon als Kind tat. Zu scherzen ist ohnehin mein größtes Vergnügen.

Wie du weißt, habe ich gerade meine gute Freundin Chantal getroffen, die Frau, die die Schnitte der Macheten in den Sümpfen überlebt hat. Wir gingen die Straße entlang, drehten wieder um und liefen in die andere Richtung. Obwohl sie einen Ehemann hat – einen Bauunternehmer, er hat die Adventistenkirche in der Nähe des Marktplatzes gebaut –, habe ich sie mit Witzen aufgezogen, und wir haben aus vollem Herzen gelacht. Wir lachen jeden Tag, zumindest scherzen wir miteinander. Sie ist Unternehmerin wie ihr Mann, sie besucht Fortbildungskurse, sie geht mir niemals aus dem Weg. Sie hilft mir, ohne dass ich sie darum bitte.

Von Zeit zu Zeit stimme ich ein Lied an, ein anderes Mal bringe ich Geschichten aus dem Bekanntenkreis, Klatsch und Tratsch über die Leute. Anlässe gibt es genug, woher auch immer. Die Leute johlen, sie lachen über mich und ich über sie. Mokiert sich jemand über mich, gebe ich eine spitze Bemerkung zurück. Wenn hinter meinem Rücken gelacht wird, kümmert mich das nicht.

Wenn jemand über mich spottet, bleibe ich nicht stehen. Er ist nur neidisch, ich entgegne ihm im tiefsten Inneren: »Du lebst auf großem Fuß, du hast einen Job, du besitzt viele Kühe, du trinkst dein Bier im schicken ›Black and White‹, du stolzierst herum und wirfst mit Spott um dich, dabei bist du nur ein Dummkopf. Wie kannst du mich schief ansehen? Auch ich habe das vornehme Leben gekannt, man hat mir lange vor dir Respekt bezeugt. Ich habe im Ausland studiert, ich wurde im Dienstwagen gefahren, und ich bedaure nichts.« Die Spötteleien tun mir niemals weh.

Im Allgemeinen mögen mich die Leute. Ich weiß nicht, ob sich mich besonders gern haben, aber sie begrüßen mich mit freundlichen Worten: »*Muraho*, Englebert ... Wohin des Wegs, Onkelchen ... Was gibt's Neues, *amakuru ki?*« Wenn ich meine königliche Abkunft laut herausstreiche, lachen die Leute wohl, aber sie mokieren sich nicht über mich. Weder die Intellektuellen noch die Bauern, noch die anderen. Sie müssen es glauben, weil ich ihnen meine Vorfahren bis zurück zu den *Mwami* aufzählen kann. Ob sie mir Krüge mit Alkohol anbieten wie einst die Untertanen dem *Mwami*? Nein – was im Übrigen schade ist. Ob mir diese Ahnenreihe irgendeinen Vorteil verschafft? Nein, keinen einzigen bis jetzt, aber auch keinen Nachteil. Nur Gelegenheit zu allerhand Späßen und guten Sprüchen. Außerdem bin ich stolz, denn ein Prinz zu sein, das ist doch nicht schlecht, oder?

ICH SPAZIERE HERUM, ich jongliere gerne mit Bonmots, wenn ich Leute treffe. Man redet über alles. Jedenfalls mit den einfachen Leuten; den Schwierigkeiten weicht man aus. So etwa sieht mein Leben aus. Wenn ich zufrieden bin, dann kann ich sogar mit Stolz behaupten, dass es mir gut geht. Aber ich bin kein Landstreicher. Stehen Landstreicher um halb sechs Uhr auf? Meine Kleidung ist sauber, ich wasche mich, obwohl die Kinder im Hof sind. Ich gehe hinaus und laufe los. Ich setze mich nicht gerne längere Zeit hin. Ich könnte Kindern etwas beibringen, aber wenn ich mich in einem Klassenzimmer aufhalte, laufe ich Gefahr, mich über die geringste Kleinigkeit zu ärgern. Ich kann ganz einfach nicht am selben Ort bleiben. Das fällt mir schwer. Ich ziehe das Laufen vor. Aber ist das etwa Landstreicherei?

Jetzt unterhalten wir beide uns und trinken ein frisches Primus zusammen. Aber wenn wir fertig sind, muss ich unbedingt gehen. Warum hierbleiben? Es gibt Leute, die mich beobachten, es gibt Hochmütige, die mich verachten. Ich bin kräftig genug, ich habe Zeit, warum sollte ich mich an ein und demselben Ort niederlassen? Wenn ich nicht in Bewegung bin, wiederhole ich mich, und ich laufe Gefahr, mich selbst nicht mehr zu verstehen. Und es kann sein, dass ich mich in Bedrängnis bringen lasse. Wenn du mir ein weiteres Gespräch vorschlägst, komme ich. Wenn ein

Freund mich auf der Straße anhält, um mich zu einer Flasche Bier einzuladen, folge ich ihm. Wenn mich aber nichts zurückhält, dann gehe ich tatsächlich spazieren. Ich gehe ein paar Schritte die Straße entlang, und wenn ich dort nichts finde, drehe ich um und laufe in die andere Richtung weiter. Bin ich denn der Erste, der spazieren geht? Mit sechsundsechzig Jahren hilft mir das beim Nachdenken. Obwohl ich große Entfernungen nicht besonders schätze, laufe ich bis nach Nyiramatuntu, wenn ich mich dafür stark genug fühle.

Unsere Parzelle liebe ich über alles. Der Boden ist fruchtbar, wenn nicht gerade Dürre herrscht. Als mein Vater ankam, war dort nichts als Wildnis. Wir haben das Land gemeinsam urbar gemacht. Mit dem Mist unserer Kühe konnten wir ausreichend Dünger ausbringen. Du siehst, dass zwanzig Jahre nach dem Genozid die Zweige der Avocado-Bäume und der Guaven unter der Last der Früchte zusammenbrechen, obwohl sie sich selbst überlassen wurden. Für mich allein ist das Grundstück zu groß. Die Asphaltstraße führt nicht bis hierher. Es wird darüber geredet, dass die *Moudougoudou* der Umgebung bald mit elektrischem Strom und Licht versorgt werden. Und eines Tages vielleicht auch mit Wasserhähnen?

Siehst du den kleinen See dort unten, der schimmert? Das ist der Akabagore. Wenn du bis auf die Höhe des Hügels hinaufsteigst, dann kannst du über die Ebene bis nach Nyamata blicken. Du siehst die Felder für die Nutzpflanzen, sofern sie bebaut sind, die Krankenstation oder, wenn du zur Seite schaust, die Bananenplantagen, die sich bis nach Ntarama hinziehen. Hinter den Sümpfen kannst du auch den Akanyaru-Fluss entdecken, bevor er in den Nyabarongo mündet. Ganz in der Ferne sieht man die Gebirgskämme von Gitarama; wenn sie von Wolken verfinstert sind, dann kündigt sich reichlich Regen an. Die Landschaft beruhigt dich. Sie erfreut das Herz, du wirst nicht müde hinzusehen.

Die Region gefiel uns auch deswegen, weil wir dachten, hier ohne Streitigkeiten leben zu können. Du siehst, dass mein Vater und meine Mutter dort unter den Bäumen begraben sind. Das sind die einzigen Familiengräber, denn wir haben die Gebeine meiner Brüder und meiner Schwester nie gefunden. Selbst die Kenntnis der Umstände ihres Todes haben sie uns geraubt.

Ich bin zu den *Gacaca*-Prozessen gegangen, weil ich die meisten Leute kenne, die dort angeklagt wurden. Es gab welche, die zur Machete gegriffen hatten und freigelassen wurden, andere wurden nicht freigelassen, wieder andere wurden gar nicht erst verhaftet, obwohl sie auf ihre Opfer eingeschlagen hatten, bis sie sich dabei fast den Arm brachen. Schließlich gab es die, die mit der Machete herumliefen, ohne jemanden zu töten. Vielleicht kann man sich täuschen? Ich wollte hören, wie sie sich verteidigen würden.

Vor allem hoffte ich, die Umstände des Todes meiner Schwester Emérence zu erfahren, um ihr ein christliches Begräbnis bereiten zu können. Ich selbst sagte gar nichts. Ich hörte dem ganzen Palaver zu wie viele andere auch. Ob ich eine Anklage vorgebracht habe? Wen hätte ich anklagen sollen? Vergiss nicht, wer in den Sümpfen einem Mörder ins Gesicht sah, dessen Unglück war besiegelt, weil er auf der Stelle niedergemacht wurde. Trotzdem habe ich eines Tages einen Erzieher aus dem Waisenhaus gefragt, warum er meine Schwester nicht versteckt habe. Er antwortete, er habe es nicht gekonnt, weil die Sache damals gerade erst angefangen und sie den falschen Ausweis besessen habe.

So hat er sich herausgeredet, und natürlich wollte er nicht sagen, in welche Grube sie die Tote geworfen hatten.

Ob ich mich mit ihnen streite? Oder ob andere sich mit ihnen streiten? Offen gesagt, niemand. Wozu sich streiten? Wir müssen doch den Appell zur Versöhnung ernst nehmen. Diese Politik hat schon vor längerer Zeit begonnen, wir haben uns daran gewöhnt. Wenn die Anderen bestraft werden, dann umso besser. Wenn sie fortfahren zu lügen, ist es auch egal. Sie sind in der Mehrheit, sie arbeiten unablässig, wir unterhalten uns mit ihnen. Man reicht einander hin und wieder den Trinkhalm, seltener trinkt man ein Primus zusammen, man hilft sich bei der Arbeit. Kurz: Man verhält sich entgegenkommend.

Es gibt auch welche, mit denen ich mich sehr gut verstehe, wie etwa Eustache oder die beiden Tierärzte. Eustache stammt aus Gikongoro wie ich. Wir schätzen uns und treffen uns häufig. Jedes Mal gibt er mir ein Getränk aus. Er wohnt im Beamtenviertel – hinter dem Waisenhaus, wo meine Schwester getötet wurde –, weil er bei der Telefongesellschaft gearbeitet hat. Seine Frau kennt mich gut, sie grüßt mich freundlich, auch die Kinder. Eustache ist ein netter Kerl, er mag die Leute, er teilt mit anderen, er ist nicht belangt worden, weil sein Verhalten keinen Anlass zu Vorwürfen gab. Die Leute wissen das. Mit anderen Worten, er ist ein Hutu, aber er ist ein guter Freund von mir. Eugène, der Tierarzt, und sein Kollege Vincent trinken ihr Bier ebenfalls in der Kneipe nahe des Schlachthofs, ich treffe sie fast jeden Tag. Sie sind mir wohlgesinnt. Wir fahren uns manchmal hart an, aber wir begegnen uns als echte Freunde.

Die Anderen – mit denen rede ich gelegentlich, nur nicht über den Genozid. Nach Rache hätte ich rufen können, als ich aus den Sümpfen herauskam. Jetzt möchte ich mich nicht mehr damit belasten. Darüber diskutiere ich nicht mit ihnen. Wenn ich in eine Kneipe komme, nehme ich meine Flasche und trinke sie aus. Wenn mich ein Kreis von Freunden zum Trinken einlädt, dann spreche ich mit ihnen. Ich diskutiere mit dem, mit dem ich eine Flasche zusammen trinke, aber ich trinke nicht mit jedem.

Im Allgemeinen mag ich es nicht besonders, mich in Kneipen zu unterhalten. Man redet, und dann wiederholt man sich, jemand Neues kommt hinzu, und alles, was ich gesagt habe, wird ihm in veränderter Form weitererzählt. Ich stehe auf, um woanders hinzugehen. Wenn ich nichts in der Tasche habe, gehe ich in die *Urwagwa*-Kneipen. Sagt mir dann jemand: »Komm, wir geben dir einen aus«, unterhalte ich mich mit seinen Kumpanen. Das ist doch normal. Wenn ich aber über einen kleinen Betrag verfüge, betrete ich eine Kneipe, in der es Primus gibt. Ich persönlich mag das Primus, weil es mir besser schmeckt, es brennt nicht so auf der Zunge wie die anderen Biere, Mützig, Turbo, Amstel und Konsorten. Selbst als ich in Kamerun studierte, griff ich zu Primus, wenn ich es auftreiben konnte. Ich kann es seit jeher von anderen Marken unterscheiden. Ob das vielleicht daran liegt, dass die Flasche 74 Zentiliter statt 66 Zentiliter enthält? Nein, nein. Weil es billiger ist? Nein, nein. Wie oft hast du mich gefragt: »Was trinkst du?«, und wie oft habe ich »Ein Mützig« geantwortet, obwohl es teurer ist? Kein einziges Mal. Mit einem Primus geht es mir gut, ich fühle mich eben wohl. Ob ich es mit geschlossenen Augen erkennen kann? Ich muss es nicht auf der Zunge haben, ich rieche es. Da bin ich nicht der Einzige. Ich mag es, wenn es kühl ist, sogar wenn es kalt ist, man sagt dazu *ikonge*. Wenn ich ein kühles Primus in der Hand halte, spüre ich, dass ich sehr zufrieden bin, obwohl ich es auch lauwarm trinken kann, wenn es kein kühles gibt. Ich nehme die Flasche, setze mich in die Nähe des Tresens, spreche mit dem Kellner. Ich nehme niemals zwei Flaschen auf einmal. Und ich mische mich nicht unter eine Gruppe von Trinkern, wenn ich nicht eingeladen bin.

Um nichts zu verschweigen: Am wohlsten fühle ich mich in der Kneipe »Gacaca«, bei Jean Nkongori. Er ist freundlich, er hat zusammen mit meinem kleinen Bruder in Kanada gelebt, er versteht mich. Im »Gacaca« gibt es eine geräumige Terrasse, man kann sich in eine Ecke setzen und trinken, ohne dass einen jemand stört. Sobald ich auf die Straße gehe, begegne ich Leuten. Ich mag lieber draußen mit den Leuten reden.

Wie ich dir bereits sagte, hat der Genozid mich innerlich einsam gemacht. Daher weiche ich seither allen Schwierigkeiten aus. Ich gehe einfach, ich lasse es gut sein. Wer mich mag, und das sind viele, den mag ich auch. Wer mich nicht mag, hat Pech gehabt, ich möchte diesen Leuten nicht einmal begegnen. Früher habe ich gerne Bücher und vor allem Zeitungen gelesen. Heute lese ich kaum noch, ich finde keine Gelegenheit dazu. Ich bin nicht mehr in der Welt wie früher. Damals spielte ich Tischtennis, ich genoss die Annehmlichkeiten des Lebens. All das scheint hinter mir zu liegen. Heute verfolge ich nicht mehr die gleichen Ziele wie einst. Die Massaker haben mich verändert, das kann ich wohl sagen. Aber ich mag die Leute nicht, die mir Vorhaltungen machen. Als Überlebender mag ich es nicht, wenn man mich daran erinnert, wer ich einmal war.

Ich trinke alle Sorten Alkohol, auch Getränke aus Uganda, falls es welche gibt, und ich habe niemals Kopfschmerzen. Ich falle nicht hin, abgesehen von dem einen Mal, als der Rinnstein entlang der Hauptstraße zementiert wurde.

Aber war ich da etwa der Einzige? Fast jeder ist während der Regenzeit hingefallen, auch Leute, die nicht gerade aus der Kneipe kamen. Einen Säufer nennt man jemanden, der kein Gehirn mehr zum Denken hat. Mich erlebst du jeden Morgen als hochintelligenten Menschen, ich zitiere etwas auf Griechisch oder ein wenig Latein. Ja, ja, ich fühle mich tadellos in Form, wenn ich aufstehe. Ich habe Zeit, zu gehen, mich zu unterhalten und mit anderen zu trinken. Ich kann mir eine kleine Ruhepause gönnen und dann bis zum Tagesende weitermachen.

Früher habe ich von morgens bis abends Witze erzählt. Aber die Zeiten ändern sich, es sind Dinge geschehen, die mir die Fröhlichkeit genommen haben. Sie gehört nicht mehr so zu meinem Naturell wie einstmals. Aber ich mag Leute, die anständig mit mir reden. Sie lächeln, ich lächele. Sie zeigen mir, dass sie mir freundlich gesinnt sind, in meinem Innersten macht mich das froh. Niemand stört mich, wenn ich niemanden störe. Das also ist mein Leben hier. Ich ziehe es vor zu gehen, und wenn die Dinge nicht gut laufen, laufe ich noch weiter, und wenn es mir gefällt, bleibe ich ein wenig, und wenn es mir nicht gefällt, dann gehe ich wieder meiner Wege. Auf diese Weise verstehe ich mich jetzt mit den Leuten und mit mir selbst.

ERLÄUTERUNGEN

Seite

8 *Primus,* ursprünglich belgische Marke des in Ruanda beliebtesten Bieres, das von der staatlichen Brauerei BRALIWRA (heute eine Tochtergesellschaft von Heineken) in der Stadt Gisenyi im Westen des Landes gebraut und in Flaschen von 74 Zentilitern verkauft wird. Leicht bitter und relativ preiswert, trinkt man es zumeist lauwarm *(ishyushye)* aus der Flasche, selten kalt *(ikonge)*. Allerdings erhält es in den Städten zunehmend Konkurrenz durch andere Marken wie Mützig, Amstel oder Gatanou, die den zeitgenössischen Geschmack besser treffen.

8 *Urwagwa,* das traditionelle ruandische Bananenbier, kostet nur ein Viertel des gewöhnlichen Bieres und hat einen dreimal höheren Alkoholgehalt. Daher rührt seine Beliebtheit auf den Hügeln, außerdem kann es sehr wohlschmeckend sein. Zur Herstellung werden Bananen verschiedener Sorten drei Tage lang eingegraben, bis sie weich werden; man presst sie aus und vermischt den Saft mit etwas Mehl aus geröstetem Sorghum (einer Hirsesorte), um den Gärungsprozess einzuleiten, der wiederum drei Tage dauert. Je nach Zubereitungsart mehr oder weniger säuerlich. Die Hutu haben sich im Vergleich zu den Tutsi als die besseren Produzenten von *Urwagwa* erwiesen; trotzdem trinken sie es nicht häufiger als jene. In Zeiten des Mangels an Bananen wird es durch ein Bier ersetzt, das gänzlich aus Sorghum gebraut wird und bitterer schmeckt.

10 *zynische oder von Enttäuschung diktierte Bemerkungen,* gemeint sind Anspielungen auf die Gleichgültigkeit der Weltöffentlichkeit angesichts des Genozids und die Mitverantwortung Frankreichs.

17 *Chalumeau,* Schilfrohr, das in eine Flasche *Urwagwa* getaucht wird, die die Stammkunden der kleinen Kneipen abwechselnd kaufen und in die Runde reichen.

18 *Mwami,* Herrscher der Tutsi-Königtümer in Ruanda und Burundi. In Ruanda begann die Dynastie der Nyiginya mit *Mwami* Ruganzi Bwimba (1312–1345). Der letzte *Mwami,* Kigeli Ndahindurwa, wurde bei Errichtung der Republik am 28. Januar 1961 abgesetzt.

19 *Ankole,* Kuh von kleinem Wuchs, feingestaltig und muskulös, mit schön geschwungenen Hörnern in Form einer Lyra und einem leichten Nackenhöcker. Ihr Fell ist häufig rotbraun oder grau-schwarz-weiß fleckig. Ihre Aufzucht war lange Zeit den Tutsi vorbehalten, die sie als Vermögenswert, Gabe oder Mitgift nutzten, weniger zum Verzehr. Der Bestand, der während des Genozids fast vollständig vernichtet wurde, hat inzwischen wieder ein höheres Niveau als vor 1994 erreicht. Unter dem Motto »Eine Familie, eine Kuh« wurde eine Landreform mit dem Ziel begonnen, die Viehwirtschaft zu modernisieren. Die Gesamtheit der ruandischen Bevölkerung sollte daran teilhaben, Kreuzungen mit importierten Rindern sollten den Ertrag erhöhen. Vor allem sollten die Kühe nicht mehr in Herden umherziehen, sondern auf privatem Grundbesitz gehalten werden.

27 *dass der* Mwami *seinen letzten Atemzug getan hatte,* Tod des Tutsi-Königs Mutara III., siehe Chronologie (1959).

29 *Interahamwe,* bedeutet »Einheit«. Bezeichnung für die extremistischen Hutu-Milizen, die auf Veranlassung des Clans von Juvénal Habyarimana, des damaligen Präsiden-

ten (siehe Chronologie [1973–1994]), aufgebaut wurden, ohne dass dessen direkter Einfluss genau zu bestimmen wäre. Sie wurden durch die ruandische Armee ausgebildet, in wenigen, örtlich begrenzten Fällen auch durch französische Soldaten, die in Ruanda stationiert waren. Diese Milizen bestanden aus einigen zehntausend Aktivisten, die Hunderttausende von Mördern des Genozids rekrutierten. Ein Teil der Milizen löste sich auf oder wurde im Herbst 1996 während der Offensive von Truppen der neuen ruandischen Machthaber im Kongo dezimiert. Ein anderer Teil kehrte mit der geflohenen Hutu-Bevölkerung aus dem Kongo zurück, um sich zu ergeben.

29 *Chefferies*, von den Kolonialmächten in Afrika eingerichtete Verwaltungseinheiten.

33 *Salvatore Adamo*, belgischer Schlagersänger italienischer Herkunft.

33 *Ben Mady Cissé*, in den 1970er Jahren Staatssekretär für Erziehungswesen im Senegal; Botschafter bei der UNO, Mitbegründer des International Council for Adult Education (ICAE).

33 *Juvénal Habyarimana*, siehe Chronologie (1973–1994).

33 *Grégoire Kayibanda*, Redakteur der linkskatholischen Zeitschrift *Kinyamateka*; Mitverfasser des »Hutu-Manifests« von 1957, in dem die Beendigung der Tutsi-Vorherrschaft gefordert wurde; Gründer der Partei *Parmehutu*, 1962 erster Staatspräsident der unabhängigen Republik Ruanda.

35 *Abacost*, Abkürzung von »À bas le costume« (Nieder mit dem Anzug!). Im Anschluss an seine Rede über die afrikanische »Authentizität« verbot Präsident Mobutu 1972 den Angehörigen der Nomenklatur in Zaïre, Anzüge mit Krawatte zu tragen, und schuf die Mode des *Abacost*, eines Ensembles aus kurzärmligem Jackett und Hose, das er persönlich um eine Mütze aus Leopardenfell ergänzte.

36 *Bugesera*, der Bugesera-Distrikt im Osten Ruandas, nach der von Pogromen begleiteten »Hutu-Revolution« von 1959 durch Tutsi-Flüchtlinge aus dem Norden Ruandas und aus der Region Gikongoro besiedelt.

38 *Dubai-Taxi*, Minibus.

39 *josephistischer Pater*, bezieht sich auf die Bruderschaft der Josephisten *(Congrégation des Frères joséphistes)*, katholische Ordensgemeinschaft, im ruandischen und kongolesischen Schulwesen aktiv.

40 *Gefängnis von Rilima*, siehe Chronologie (1996); Jean Hatzfeld führte mit einigen der in Rilima inhaftierten Genozid-Tätern Interviews, die in sein Buch *Une saison des machettes* (deutsch: *Zeit der Macheten*, Gießen 2004) eingingen.

41 *Inkotanyi*, bedeutet »unbesiegbar«. Bezeichnung für die Rebellen des *Front Patriotique du Rwanda* (FPR), einer Tutsi-Formation, die ab 1987 im Untergrund in Uganda aufgebaut wurde. Sie unternahm ihre erste Militäroperation im Jahr 1990, bei der ihr Gründer Fred Rwigema umkam. Der FPR begann bereits am ersten Tag des Genozids eine Großoffensive unter der Führung von Paul Kagame, dem heutigen Präsidenten der Republik Ruanda, und eroberte das gesamte Land am 4. Juli 1994.

44 *Abessinien*, Anspielung auf die legendäre Herkunft der Tutsi aus Äthiopien (Abessinien) und dem Niltal, von wo sie vor Jahrhunderten in das Gebiet der Großen Seen eingewandert sein sollen. Diese sogenannte »hamitische Hypothese«, von europäischen Ethnologen im 19. Jahrhundert formuliert, wurde von den Kolonialmächten zur ethnischen Hierarchisierung der ruandischen Bevölkerung übernommen und trug maßgeblich zur Feindschaft zwischen Tutsi und Hutu – und damit letztlich zum Genozid – bei.

47 *Kakerlaken*, das Schimpfwort (*Inyenzi*, französisch »cafards«) entstand nach den ersten Angriffen von Exil-Tutsi auf Ruanda.

57 *Urunfunzo*, Papyrusbäume.

59 *Exodus der Flüchtlinge*, Hutu-Flüchtlinge; siehe Chronologie (1994).

60 *Muzungu*, wörtlich: »derjenige, der den Platz eingenommen hat«; in der Umgangssprache Bezeichnung für Weiße.

60 *UNAMIR*, United Nations Assistance Mission for Rwanda, seit 1993 in Ruanda stationierte Friedenstruppe der UNO; wurde bei Beginn des Völkermords weitgehend abgezogen.

60 *Personalausweis*, siehe Chronologie (1931).

61 *World Vision*, internationale evangelikale Hilfsorganisation.

64 *Gaston Defferre*, langjähriger Bürgermeister von Marseille, 1981–1984 französischer Innenminister.

64 *zone Turquoise*, am 22. Juni 1994, als der Massenmord beendet war, erhielt die französische Armee ein Mandat der UNO, bis zum Eintreffen eines verstärkten Kontingents an Blauhelm-Soldaten im Westen Ruandas eine neutrale Zone einzurichten, die sogenannte *zone Turquoise*, die die Grenze zum Kongo einschloss. Diese Mission, am 21. August wieder beendet, ist bis heute umstritten. Diente sie dem Schutz der Bevölkerung oder sorgte sie dafür, dass die Verantwortlichen des Genozids und die Hutu-Milizen entkommen konnten?

65 *in deinem Buch*, Jean Hatzfeld: *La stratégie des antilopes*, Paris 2007, S. 286 ff.

94 *Moudougoudou*, Siedlung nach dem Vorbild von Kollektivdörfern, entstanden aus einem Regierungsprojekt unmittelbar nach Beendigung des Genozids, um der Zerstörung von Behausungen abzuhelfen und isolierte Bevölkerungsteile,

die über die Hügel verstreut waren, zu sammeln und ihre Sicherheit zu gewährleisten.

95 *Gacaca*, bedeutet »weiches Gras«, wie das Gras unter den Bäumen, unter denen die dörflichen Schiedsgerichte tagen. Auf eine alte Tradition zurückgehend, wurden ab 2002 *Gacaca*-Gerichte zur Ergänzung des ruandischen Justizapparats eingerichtet, der infolge des Genozids zu geschwächt war, um die begangenen Verbrechen aburteilen zu können; siehe Chronologie (2001).

96 *Appell zur Versöhnung*, von der ruandischen Regierung unter Präsident Paul Kagame betriebene Politik der nationalen Versöhnung.

CHRONOLOGIE

1921 Ruanda wird belgisches Mandatsgebiet.

1931 Einführung des Personalausweises, der bis 1994 die ethnische Zugehörigkeit (Hutu, Tutsi oder Twa) verzeichnete.

1959 Tod des Tutsi-Königs Mutara Rudahigwa unter ungeklärten Umständen. Bauernrevolten der Hutu, in deren Verlauf es zu Massakern und einem Massenexodus von Tutsi kommt (»Hutu-Revolution«).

1961 Sieg der Hutu-Parteien bei den ersten Parlamentswahlen und Ausrufung der Republik.

1962 Unabhängigkeitserklärung Ruandas.

1973 Militärputsch und Staatsstreich des Majors Juvénal Habyarimana, ein Hutu, der sich zwanzig Jahre lang zum Präsidenten wählen lässt.

1990 Erste militärische Erfolge der im ugandischen Untergrund gegründeten Tutsi-Rebellenarmee FPR gegen die Truppen von Habyarimana.

1994 *6. April, gegen 20 Uhr:* Mord an Präsident Juvénal Habyarimana, dessen Maschine über dem Flughafen von Kigali abgeschossen wird.

7. April, im Morgengrauen: Beginn der Ermordung demokratischer Führungspersonen, darunter die Premierministerin Agathe Uwilingiyimana, eine Hutu. Die Milizen der *Interahamwe* dringen in die Stadtviertel von Kigali ein.

Beginn des Genozids, der etwa hundert Tage dauert. Sofortige Truppenbewegungen der Tutsi-Rebellen des FPR, die ins Landesinnere vorstoßen.

4. Juli: Eroberung des Zentrums von Kigali durch den FPR.

15. Juli: 500 000 Hutu-Flüchtlinge überqueren die kongolesische Grenze. In der Region Kivu werden Auffanglager errichtet. In den folgenden Wochen kommen weitere 1,5 Millionen Flüchtlinge hinzu.

3. Oktober: Der UNO-Sicherheitsrat verabschiedet einen Bericht, in dem die in Ruanda begangenen Massaker als Genozid bezeichnet werden.

1996 *November:* Mörderische Invasion der Truppen des FPR in die ostkongolesische Region Kivu, um die Rückkehr der zwei Millionen Hutu-Flüchtlinge nach Ruanda zu erzwingen.

2001 Verabschiedung des Gesetzes über die Einführung der *Gacaca*-Gerichtsbarkeit im Parlament. Zwischen Juni 2002 und 2010, dem Abschlussjahr dieser Verfahren, wurden in der Region Bugesera bei *Gacaca*-Prozessen etwa 23 000 Urteile ausgesprochen.

2003 Vorläufige Freilassung der Verurteilten zweiter und dritter Kategorie (Mörder und Mittäter ohne besondere Verantwortung), deren Teilgeständnisse angenommen wurden und die die Hälfte ihrer Strafe verbüßt hatten.

2014 *April:* Gedenkveranstaltungen zum 20. Jahrestag des Genozids. Die Zahl der Todesopfer ist noch immer nicht genau ermittelt, beträgt aber fast 900 000. Diese Gedenkveranstaltungen sollen zugleich das Ende der alljährlich zur gleichen Zeit angeordneten Trauertage einleiten.

Ereignisse in Nyamata

1994 *7.–8. April:* Ausbruch von Zusammenstößen, die die endgültige Spaltung der beiden Bevölkerungsgruppen auf den Hügeln bedeuten.

11. April: Nach vier Tagen des Abwartens beginnen die Soldaten des Militärlagers von Gako, verstärkt durch *Interahamwe*-Milizen, mit systematischen Mordaktionen in den Straßen von Nyamata. Auf den Hügeln versammeln die örtlichen Behördenvertreter die Bauern, um Gruppen von Tutsi anzugreifen.

14.–15. April: Massaker an etwa 5 000 Tutsi, die sich in die Kirche von Nyamata geflüchtet haben und mit Macheten niedergemetzelt werden; tags darauf kommen ebenso viele Opfer in der Kirche von Ntarama um.

16. April: Beginn einer organisierten Menschenjagd in den Sümpfen und Wäldern, in die sich die Tutsi geflüchtet haben.

14. Mai: Ankunft des FPR auf den Hügeln; in den Sümpfen wird nach Überlebenden gesucht. In der Region, in der zuvor eine Tutsi-Bevölkerung von 59 000 Personen lebte, liegen 50 000 Leichen in Kirchen, Sümpfen und Wäldern.

1996 Rückkehr der Hutu-Bevölkerung aus der kongolesischen Region Kivu auf die Hügel. Zahlreiche Mitglieder der *Interahamwe* und Mörder werden rasch verhaftet und in das dreißig Kilometer entfernte Gefängnis von Rilima gebracht.

2002 Beginn der *Gacaca*-Prozesse, die bis 2006 dauern.

Französische Literatur bei Wagenbach

Ryad Assani-Razaki Iman

Ein hochaktueller, aufwühlender Roman über das Leben dreier Straßenkinder in Afrika. Ein Buch über Freundschaft und Liebe, Hass und Verrat. Assani-Razaki zeigt unvergesslich, was Menschen dazu bewegen kann, alles hinter sich zu lassen und ihr Leben einem Boot zu überantworten, mit Kurs auf Europa.

Aus dem Französichen von Sonja Finck
WAT 750. 320 Seiten

Albena Dimitrova Wiedersehen in Paris

Alba ist viel zu jung für Guéo, der außerdem verheiratet ist und für die Regierung arbeitet. In den letzten Jahren des Kommunismus beginnt in der bulgarischen Hauptstadt Sofia und am Schwarzen Meer eine gefährliche, leidenschaftliche Liebesgeschichte.

Aus dem Französischen von Nicola Denis
Quart*buch*. Gebunden mit Schutzumschlag. 192 Seiten

Tanguy Viel Das Verschwinden des Jim Sullivan

Das Leben war schon mal netter zu Dwayne Koster, und so besieht er sich die Welt nun vorzugsweise von seinem Wagen aus und hört dabei Musik von Jim Sullivan. Das neue Buch von Tanguy Viel ist ein Roman hinter dem Roman. Eine hochkomische, sehr unterhaltsame Parodie ebenso wie eine Hommage an den amerikanischen Roman.

Aus dem Französischen von Hinrich Schmidt-Henkel
Quart*buch*. Gebunden mit Schutzumschlag. 128 Seiten

Saphia Azzeddine Zorngebete

Der Alltag ist schmutzig und elend, das Glück schmeckt nach Granatapfeljoghurt, und Jbara spricht mit Allah: Wütend und demütig, klagend und dankbar, poetisch und vulgär – für den Fall, dass er doch nicht alles sieht und nicht versteht, warum sie so weit gehen konnte ...

Aus dem Französischen von Sabine Heymann
Quart*buch*. Gebunden mit Schutzumschlag. 128 Seiten

Französische Literatur bei Wagenbach

Julia Deck Viviane Élisabeth Fauville

Ein Mord ist geschehen. Viviane Élisabeth Fauville sieht sich selbst, wie von fremder Hand geführt, durch Paris irren. Die Hinweise verdichten sich, sie bewegt sich auf schwankendem Terrain, es scheint nur eine Frage der Zeit. Dieser flirrende Roman zeigt eindrucksvoll, wie weit eine Frau zu gehen bereit ist, die alles verloren glaubt.

Aus dem Französischen von Anne Weber
WAT 753. 144 Seiten

Jacques Roubaud Der Verwilderte Park

Die letzten Sommertage sind voller Licht, und doch wird es kälter. »Jacques« hat seinen richtigen Vornamen abgelegt, Doras Pianisten-Onkel mag nicht mehr spielen, das Wasserbecken im Park ist leer. Ein zärtlicher Text über glückliche Tage und über das Warten.

Aus dem Französischen von Tobias Scheffel
Quart*buch*. Gebunden mit Schutzumschlag. 128 Seiten

Michel Houellebecq Ausweitung der Kampfzone

Ein heftig umstrittener Roman, der nicht nur in Frankreich die Öffentlichkeit polarisierte und zum Kultbuch wurde: Michel Houellebecq beschreibt die um Liebe reduzierte erotische Kampfzone der modernen Welt.

Aus dem Französischen von Leopold Federmair
WAT 689. 176 Seiten

Marguerite Duras Der Schmerz

Der Schmerz, die Geschichte qualvollen Wartens, unmöglich gewordener Liebe, unaushaltbarer Erinnerungen. Ein widersprüchliches, radikales und schamloses Buch.

Aus dem Französischen von Eugen Helmlé
WAT 746. 208 Seiten

Politik bei Wagenbach

Dominic Johnson   Afrika vor dem großen Sprung

Mit dem arabischen Frühling und dem Umbruch in vielen Ländern wurde Dominic Johnsons These für viele überraschend bestätigt: Veränderung von unten ist jederzeit möglich, und Afrika ist mitten in vielschichtigen Umwälzungen.

Aktualisierte und erweiterte Neuausgabe
WAT 710. 144 Seiten

Tillmann Löhr   Schutz statt Abwehr

Für ein Europa des Asyls

Die täglichen Flüchtlingsdramen scheinen sich weit vor den Außengrenzen der Europäischen Union abzuspielen. Tillmann Löhr erklärt, wie eine Verbesserung der humanitären Lage schon in wenigen Schritten erreicht werden kann.

WAT 628. 96 Seiten

Wolfgang Kaleck / Miriam Saage-Maaß   Unternehmen vor Gericht

Globale Kämpfe für Menschenrechte

Arbeiterinnen in Bangladesch, Gewerkschafter in Kolumbien und die Landbevölkerung im Sudan nehmen die Verbrechen übermächtiger Wirtschaftsgiganten nicht mehr länger hin. Unterstützt werden diese Menschen von zwei Menschenrechtsanwälten: Sie reisen zu den Betroffenen, sie ziehen vor Gericht, sie sind im Recht.

WAT 748. 128 Seiten